UN HÉRITAGE DÉSHONORÉ

Les leçons de l'affaire somalienne

Rapport

de la Commission d'enquête

sur le déploiement

des Forces canadiennes en Somalie

Sommaire

En vente au Canada chez votre libraire ou par courrier,
par l'entremise des Éditions du gouvernement du Canada
Ottawa, Canada, K1A 0S9

Sommaire
Catalogue n° CP32-66/1977
ISBN 0-660-60271-7

Imprimé et relié au Canada

Aussi disponible en anglais sous le titre :
Dishonoured Legacy: The Lessons of the Somalia Affair

TABLE DES MATIÈRES

SOMMAIRE

L'opération a mal tourné dès les premiers moments. Les soldats, à part quelques exceptions notables, ont fait de leur mieux. Mais, mal préparés et livrés à eux-mêmes, ils se sont inexorablement enfoncés dans le bourbier qui a abouti à la débâcle somalienne. Une tradition honorée a ainsi été souillée.

Les systèmes se sont enrayés et la discipline organisationnelle s'est effondrée. On ne saurait dissocier de telles fautes systémiques ou institutionnelles de la responsabilité des chefs. Or, en ce qui concerne la mission en Somalie, ceux-ci ont commis des erreurs nombreuses et fondamentales : les systèmes mis en place étaient insuffisants et profondément défectueux; les pratiques qui encourageaient le carriérisme généralisé et faisaient passer l'ambition individuelle avant les besoins de la mission s'étaient enracinées; le contrôle et la surveillance exercés sur des secteurs essentiels de responsabilité étaient foncièrement inadéquats, et les chefs se contentaient des évaluations les plus superficielles; même lorsqu'ils avaient connaissance d'événements troublants ou qu'on leur signalait des cas inquiétants d'indiscipline et de brutalité, ils n'agissaient pas, ou les mesures qu'ils prenaient étaient de nature à exacerber et à aggraver les problèmes; la planification, l'instruction et la préparation générales étaient nettement insuffisantes; et ils exigeaient de leurs subalternes des normes de reddition de comptes qu'eux-mêmes n'étaient pas disposés à respecter. Nos soldats ont cherché, souvent en vain, quelqu'un qui sache les diriger et les inspirer.

Nombre des chefs appelés à venir nous expliquer leur rôle aux diverses étapes du déploiement ont refusé de reconnaître leurs erreurs. Acculés, ils ont imputé la faute à leurs subordonnés qui, à leur tour, ont rejeté la responsabilité sur leurs propres subalternes. Et s'ils ont adopté cette attitude à contrecœur lorsque leurs premières affirmations — selon lesquelles nombre des problèmes les plus graves étaient dûs à « quelques mauvais éléments » — se sont effondrées, cette prise de position n'a rien d'honorable.

Tout ce que nous pouvons espérer, c'est qu'en Somalie les Forces canadiennes aient atteint le comble de leur infortune. Il semble difficile d'imaginer qu'on puisse tomber plus bas. Mais une chose est sûre : si l'on ne fait rien pour y remédier, les problèmes qui ont surgi dans le désert somalien et dans les salles de réunion du Quartier général de la Défense nationale continueront d'engendrer l'ignominie dans les milieux militaires. Les victimes en seront le Canada et sa réputation internationale.

Le texte qui suit est un sommaire du rapport final de la Commission d'enquête sur le déploiement des Forces canadiennes en Somalie. Il répond, dans toute la mesure de nos moyens, à notre obligation, énoncée dans plusieurs décrets, de faire enquête sur le fonctionnement de la chaîne de commandement, le leadership, la discipline, les actes et les décisions des Forces canadiennes, ainsi que sur les mesures et les décisions prises par le ministère de la Défense nationale en ce qui a trait à la participation des Forces canadiennes à la mission de maintien de la paix de l'ONU en Somalie en 1992-1993.

Pendant que les troupes canadiennes étaient déployées en Somalie, il s'y produit certains événements qui ont entaché la réputation de diverses personnes, des forces militaires canadiennes, voire de la nation elle-même. Ces événements, dont certains sont maintenant bien connus de la plupart des Canadiens, comprenaient notamment des coups de feu tirés sur des intrus somaliens au camp canadien de Belet Uen, le meurtre par coups et blessures d'un adolescent confié à la garde de soldats du 2e Commando du Régiment aéroporté du Canada (RAC), une apparente tentative de suicide de l'un de ces soldats canadiens et, après la mission, des allégations selon lesquelles des informations essentielles auraient été retenues ou falsifiées. De répugnantes séances d'initiation, filmées sur des bandes vidéo, auxquelles avaient participé des membres du RAC ont été révélées également. Certains de ces événements, les protestations d'un chirurgien militaire inquiet aidant, ont amené le gouvernement à demander cette enquête. Il convient de rappeler que le gouvernement avait jugé les travaux de la commission d'enquête militaire, qui s'était penchée sur les mêmes événements, insuffisants pour satisfaire aux normes canadiennes régissant l'obligation de rendre des comptes au public, notamment parce que ces travaux s'étaient déroulés à huis clos et que le mandat de la commission était beaucoup plus limité. Le gouvernement a donc ouvert une enquête complète et publique.

La principale conclusion de cette enquête est que la mission a très mal tourné : l'organisation s'est enrayée quand les systèmes ont fait défaut. C'est après avoir examiné un vaste éventail de questions et d'événements, ainsi qu'une masse de documents et de témoignages, que nous sommes arrivés à ce triste constat. Même là, à deux égards importants, nous avons éprouvé énormément de difficulté à remplir nos obligations.

Premièrement, la *Loi sur les enquêtes* nous autorise à citer et à entendre des témoins, à engager des experts-conseils et des conseillers, et à évaluer la preuve. Dans des circonstances normales, ces pouvoirs auraient dû nous permettre de présenter nos conclusions sans faire de réserves. Toutefois, le 10 janvier 1997, alors que le Parlement ne siégeait pas, le ministre de la Défense nationale a annoncé la décision du Cabinet de couper court aux travaux de la Commission et de lui imposer de terminer ses audiences aux environs du 31 mars 1997, puis de présenter un rapport et des recommandations au plus tard le 30 juin 1997.

Voilà comment le gouvernement a répondu à notre demande de prolongation de nos travaux jusqu'au 31 décembre 1997, prolongation qui nous aurait permis de mener à bien notre recherche de la vérité. Cette recherche a nécessité, notamment, des milliers d'heures de préparation et de contre-interrogatoire des personnes qui ont joué divers rôles lors du déploiement en Somalie et, avec le temps, de leurs officiers supérieurs. À mesure que l'enquête progressait, nous nous approchions, en remontant la chaîne de commandement, des principaux centres de responsabilité. Malheureusement, la décision prise par le ministre le 10 janvier 1997 a mis fin à toute possibilité de poursuivre cette voie jusqu'à sa conclusion logique et nous a empêchés d'étendre pleinement notre champ d'enquête aux officiers supérieurs qui étaient responsables avant, pendant et après la mission en Somalie — en remontant la chaîne de commandement.

Cette décision d'imposer soudainement de telles limites de temps à une enquête de cette ampleur est sans précédent au Canada. Il ne fait aucun doute qu'elle a compromis et limité notre recherche de la vérité. De plus, elle entravera et retardera la mise en place des mesures propres à corriger le système dans lequel de tels événements ont pu se produire.

Deuxièmement, la recherche consciencieuse de la vérité peut exiger un travail minutieux et être parfois frustrante. Les enquêtes publiques disposent des meilleurs outils qu'offre notre système juridique pour rechercher la vérité, mais, même lorsqu'on a accès à des pouvoirs de procédure considérables, les réponses peuvent se révéler insaisissables.

Même dans les domaines où nous avons pu tenir des audiences — la phase antérieure au déploiement de la mission et une partie de la phase des opérations sur le théâtre — nous avons trop souvent été frustrés dans notre travail par le comportement de témoins dont la crédibilité doit être mise en doute. Le principal outil à notre disposition pour déterminer ce qui s'était passé en Somalie et au Quartier général de la Défense nationale était notre pouvoir de citer des témoins. Quelque 116 personnes ont comparu devant la Commission d'enquête au cours d'audiences publiques télédiffusées dans tout le Canada.

Témoigner devant une commission d'enquête publique n'est pas un acte insignifiant. C'est une épreuve d'intégrité personnelle et morale qui exige qu'on ait le courage de reconnaître les faits et de dire la vérité. Le témoin doit aussi être prêt à rendre des comptes et à accepter la responsabilité des fautes qu'il a commises. De nombreux soldats, sous-officiers et officiers ont montré ce type d'intégrité. Ils ont donné la preuve de leur courage et de leur sens du devoir, même si cela les obligeait à reconnaître leurs défauts personnels ou à exprimer une critique importune à l'égard de leur institution. Nous sommes au courant des pressions qu'ont subies les témoins de la part des forces armées comme de leurs pairs. Ces soldats-témoins méritent le respect et la gratitude de notre société pour avoir ainsi contribué à améliorer une institution qui leur est manifestement si chère.

Nous regrettons toutefois de devoir signaler que nous avons à maintes reprises entendu des témoignages empreints de contradictions, d'improbabilité, d'invraisemblance, d'imprécision, de souvenirs sélectifs, de demi-vérités, voire de mensonges. De fait, sur certaines questions, nous nous sommes heurtés à ce que nous ne pouvons qu'appeler un « mur de silence ». Lorsque plusieurs témoins se comportent de cette manière, le mur de silence est manifestement une tactique de tromperie délibérée.

Ce qui est peut-être plus inquiétant, c'est que nombre des témoins chez qui nous avons constaté ces défauts étaient des officiers, des sous-officiers et des hauts fonctionnaires — c'est-à-dire des personnes qui ont juré de respecter et de promouvoir les valeurs que sont le leadership, le courage, l'intégrité et l'obligation de rendre compte. Pour ces personnes, la loyauté excessive envers un régiment ou l'institution militaire ou, pis encore, le simple intérêt personnel, ont primé sur l'honnêteté et l'intégrité. En se comportant de la sorte, ces témoins ont également manqué à leur devoir d'aider la Commission dans ses travaux. Chez des officiers, une telle conduite constitue une violation des engagements énoncés dans leur commission.

L'imprécision et la tromperie, si évidentes à nos yeux, dont étaient imprégnés les témoignages de nombreux officiers supérieurs, en disent long sur le triste état dans lequel est tombé le leadership au sein de nos forces armées et sur la mentalité carriériste qui existe au ministère de la Défense nationale. Ces personnes haut placées appartiennent à une élite dans laquelle nos soldats et le grand public canadien ont placé leur confiance.

Nous savons que le ministre de la Défense nationale a reçu récemment des rapports sur les questions du leadership et de la gestion au sein des Forces canadiennes. Ces études et rapports, effectués par des spécialistes compétents, sont certainement utiles. Mais seul un examen public complet et rigoureux de ces questions, qui donne aux militaires la possibilité de fournir des renseignements et de répondre aux critiques, permettrait d'évaluer pleinement la portée et l'ampleur des problèmes. Seule une analyse étendue et serrée des personnes, des événements et des documents en cause pourrait aboutir à un plan d'action propre à engendrer des changements véritables et bien dirigés.

C'est précisément à cette fin qu'avait été créée la présente Commission d'enquête. L'abrégement de ses travaux laisse sans réponse de nombreuses questions que se posent les Canadiens, civils et militaires. De fait, la décision de mettre fin prématurément aux travaux de la Commission soulève elle-même de nouvelles questions au sujet de la responsabilité et de l'obligation de rendre compte.

Bien que nous ayons exprimé des réserves au sujet de la crédibilité des témoins et du leadership dans les forces armées, il serait injuste de donner l'impression que la mission en Somalie a été un échec total. Si nous mettons en évidence les défauts du système et les lacunes du leadership, nous devons — et souhaitons — reconnaître que de nombreux soldats et commandants se sont acquittés de leur devoir avec honneur et intégrité. En conséquence, nous appuyons fermement l'idée de remettre les médailles appropriées à ceux qui ont si bien servi au cours de cette mission semée d'écueils.

Il nous paraît en outre important, dans un rapport de cette nature, de reconnaître l'inestimable contribution qu'ont apportée et qu'apportent encore les Forces canadiennes au nom du Canada. Des milliers de soldats ont accompli des tâches difficiles et souvent dangereuses dans la poursuite des objectifs nationaux. Nous tenons fréquemment pour acquis leur dévouement, leur altruisme et leur professionnalisme, car nous avons toujours pensé que ces qualités étaient la norme. C'est pourquoi les événements en Somalie, dans lesquels les Forces canadiennes étaient impliquées et qui ont fait l'objet de notre enquête, nous ont tant choqués. C'est le contraste frappant entre ces événements et le comportement coutumier de nos militaires qui a provoqué l'alarme, l'indignation et la tristesse chez tant de Canadiens. En fin de compte, nous espérons que notre enquête donnera lieu à des mesures correctives qui contribueront à rendre aux Forces canadiennes la place d'honneur qu'elles ont si longtemps occupée.

INTRODUCTION

Pour un examen détaillé de la façon de procéder globale adoptée par la Commission d'enquête, de son mandat, de ses séances, de sa méthodologie, de ses règles de procédure, de ses décisions et de ses déclarations officielles, nous renvoyons le lecteur à l'Introduction du présent rapport (volume 1, chapitre 1).

Mandat

La portée de toute enquête publique est déterminée par son mandat. Le nôtre, détaillé et complexe, se divisait en deux parties. La première comportait un paragraphe général d'introduction nous demandant d'enquêter et de faire rapport de façon générale sur le système de la chaîne de commandement, le leadership, la discipline, les opérations, les actes et les décisions des Forces canadiennes, ainsi que sur les mesures et les décisions prises par le ministère de la Défense nationale touchant l'opération en Somalie. Le mandat précisait clairement que notre enquête ne devait pas nécessairement se limiter aux détails et aux questions mentionnés dans les paragraphes suivants.

La seconde partie de notre mandat concernait des aspects précis de la période antérieure au déploiement, des opérations sur le théâtre et de la période qui avait suivi le déploiement en Somalie. Au sujet de la phase préalable au déploiement (avant le 10 janvier 1993), on nous demandait d'examiner, notamment, la question de savoir si le Régiment aéroporté du Canada était apte à se déployer et si l'état de la discipline dans ses rangs était satisfaisant, aussi bien que la capacité opérationnelle du Groupement tactique — Régiment aéroporté du Canada avant son déploiement, compte tenu de la mission et des tâches qu'on lui avait confiées. Quant aux questions relatives aux opérations sur le théâtre (du 10 janvier au 10 juin 1993), elles comprenaient l'aptitude de la Force interarmées du Canada en Somalie (FICS) à remplir sa mission et ses tâches, et sa composition à cet effet; la mesure dans laquelle les différences culturelles avaient influé sur la conduite des opérations, le cas échéant; l'attitude des militaires de tous grades à l'égard de la conduite licite des opérations; et la façon dont la FICS avait exécuté sa mission et ses tâches et réagi aux problèmes opérationnels, disciplinaires et administratifs rencontrés sur le théâtre d'opérations, y compris les allégations de camouflage et de destruction d'éléments de preuve. Enfin, les questions liées à la période postérieure au déploiement (du 11 juin au 28 novembre 1994) touchaient la manière dont la chaîne de commandement des Forces canadiennes avait réagi aux problèmes opérationnels, disciplinaires et administratifs résultant du déploiement.

Ce mandat nous a obligés à déterminer si des faiblesses structurelles et organisationnelles étaient à l'origine des incidents controversés auxquels des militaires canadiens avaient été mêlés en Somalie. La Commission d'enquête n'a pas voulu s'instituer en tribunal, même si elle a examiné, au cours de ses audiences, les causes institutionnelles des incidents qui avaient auparavant entraîné l'inculpation de certaines personnes et leur comparution en justice, ainsi que la réaction des autorités à ces incidents. L'enquête portait essentiellement sur les questions organisationnelles et systémiques relatives à l'organisation et à la gestion des Forces canadiennes et du ministère de la Défense nationale, et non sur les personnes employées par ces institutions.

Toutefois, pour mener à bien notre mandat, nous avons dû inévitablement examiner les actes de personnes faisant partie de la chaîne de commandement et la manière dont elles avaient exercé leur leadership.

Notre mandat, ainsi décrit, nous a amenés à examiner plusieurs questions institutionnelles fondamentales. Comment l'obligation de rendre compte est-elle définie, déterminée et remplie dans la chaîne de commandement des Forces canadiennes? Les procédures de rapport étaient-elles adéquates et respectées de façon que l'information puisse circuler à l'intérieur de la chaîne de commandement et que les mesures correctives puissent être prises au besoin? Les mesures et les décisions prises relativement à l'opération en Somalie témoignaient-elles d'un leadership efficace ou déficient? Pour répondre à ces questions, nous avions projeté d'examiner les décisions et la conduite non seulement d'officiers et de sous-officiers des Forces canadiennes, mais également de hauts fonctionnaires du Quartier général de la Défense nationale (par exemple, le sous-ministre de la Défense nationale). En effet, nous avons pu traiter la grande majorité des questions qui nous avaient été confiées dans notre mandat. Toutefois, étant donné la décision du gouvernement de mettre fin à l'enquête, nous n'avons pu nous rendre aux échelons supérieurs relativement aux allégations de camouflage et à l'ampleur de leur participation au cours de la période qui a suivi le déploiement.

Nous avons dû examiner si l'on avait appliqué les bons critères pour décider d'envoyer des troupes canadiennes en Somalie en premier lieu; si l'on avait défini convenablement la mission et les tâches des Forces canadiennes ainsi que les règles d'engagement régissant leur conduite sur le théâtre d'opérations; et si cette information avait été bien communiquée aux intéressés et comprise par eux. En raison des problèmes disciplinaires et organisationnels qui sont devenus manifestes au sein du Régiment aéroporté du Canada à certains moments, il a en outre fallu évaluer dans quelle mesure les officiers supérieurs avaient informé ou auraient dû informer la ministre de la Défense nationale, par l'intermédiaire de la chaîne de commandement, de la capacité réelle du RAC en vue de la mission.

Nous avions également prévu de déterminer dans quelle mesure le sous-ministre de la Défense nationale devait tenir la ministre au courant des événements ou des incidents importants qui survenaient sur le théâtre d'opérations et jusqu'à quel point il s'était effectivement acquitté de cette responsabilité. Nous avions de plus projeté d'examiner en détail les fonctions et les responsabilités des dirigeants politiques et civils à l'échelon ministériel, y compris l'étendue des fonctions et des responsabilités de l'honorable Kim Campbell, qui était la ministre de la Défense nationale au moment de l'opération en Somalie. Nous aurions cherché à déterminer si celle-ci avait été tenue exactement au courant des problèmes survenus au cours de l'opération en Somalie. Pour étudier cette vaste question, nous avions établi qu'il était important d'examiner, d'une part, la nature et l'étendue des responsabilités qu'avait le personnel ministériel de veiller à ce que la ministre soit bien informée et, d'autre part, la responsabilité qu'avait le sous-ministre d'organiser le ministère de façon à assurer la transmission et la réception de l'information appropriée et nécessaire à son bon fonctionnement.

Bref, nous avons interprété notre mandat de façon large, mais raisonnable, compte tenu de la nature de notre tâche, et nous avons limité notre enquête aux questions qui y étaient énoncées, en termes d'ailleurs très généraux. Nous n'avions pas l'intention d'examiner des questions qui nous semblaient déborder notre mandat.

Sources d'information

Les renseignements sur lesquels se fonde le présent rapport sont venus de diverses sources. La production de documents pertinents par le ministère de la Défense nationale (MDN), le ministère des Affaires étrangères et du Commerce international (auparavant le ministère des Affaires extérieures) et le Bureau du Conseil privé a été une source d'importance capitale. Au ministère de la Défense nationale, l'Équipe de liaison de l'enquête sur la Somalie (ELES) a été créée afin de recueillir et de communiquer les documents et les autres formes de renseignements exigés par la Commission. Celle-ci a finalement reçu de divers ministères plus de 150 000 documents que son personnel a soigneusement classés en fonction de leur sujet et de leur pertinence.

Reconnaissant que pour reconstituer les faits survenus en Somalie, le MDN et les autres ministères devraient communiquer tous les documents pertinents, nous leur avons demandé, par ordonnance datée du 21 avril 1995, de nous fournir tous ces documents. Selon l'évaluation initiale de l'ELES, cela touchait probablement 7 000 documents. Des représentants de l'ELES nous ont convaincus qu'il serait beaucoup plus économique de procéder au balayage informatique de tous ces documents et de les présenter sous forme électronique. Ce qui s'est passé après que nous avons consenti à cette façon de procéder était totalement inattendu et n'était que le début d'une longue série d'échecs dont nous traitons plus amplement au chapitre 39.

La communication des documents est restée incomplète pendant toute la durée des travaux de la Commission. L'information arrivait au compte-gouttes au lieu d'être transmise de manière efficace. Des documents clés ont été omis, falsifiés, voire détruits. Certains ne sont venus à notre connaissance que par pur hasard, par exemple lorsqu'ils ont été découverts grâce à une demande d'accès à l'information présentée par une tierce partie. Certains documents clés n'ont été communiqués officiellement qu'après que d'autres personnes en eurent confirmé l'existence devant la Commission. Nous avons constamment signalé aux représentants de l'ELES la lenteur et le caractère incomplet des communications du MDN. Malgré de nombreuses réunions portant sur le processus de transmission des documents et des rencontres privées avec des représentants de l'ELES au cours desquelles nous avons exprimé notre mécontentement, nous n'avons obtenu que peu de résultats. Finalement, compte tenu de la falsification de documents liés à la Somalie, de l'absence et de la destruction de registres de campagne et de la disparition d'un disque dur du Centre des opérations de la Défense nationale, nous avons dû aborder la question de la destruction de documents lors d'une série d'audiences entièrement consacrées à la question de la divulgation de documents par le MDN et les Forces canadiennes, par l'entremise du Directeur général des Affaires publiques du MDN, ainsi qu'à la question du respect de nos ordonnances exigeant la transmission de documents.

Une partie considérable du grand nombre de documents et autres renseignements qui ont été communiqués à la Commission ont été déposés à titre de pièces. Ceux-ci comprenaient notamment : le rapport de la commission d'enquête interne, comportant 11 volumes, et la réponse du chef d'état-major de la Défense aux recommandations de celle-ci; la transcription des procès en cour martiale des personnes poursuivies à la suite de leur présumée inconduite en Somalie; des documents de politique et des manuels militaires canadiens et autres; et de la documentation sur les Forces canadiennes et sur les missions de maintien de la paix et de rétablissement de la paix des Nations Unies.

L'analyse que renferme le présent rapport se fonde essentiellement sur les abondants témoignages et les observations de toutes les parties aux audiences de l'enquête, sur les documents et autres éléments d'information déposés à titre de pièces aux audiences, sur des articles et des ouvrages faisant autorité, sur de la documentation pertinente recueillie lors de conférences et obtenue de spécialistes, sur des documents rédigés par des consultants auprès de la Commission et d'autres renseignements fournis par eux, ainsi que sur des recherches et des analyses originales effectuées par notre propre personnel de recherche.

Structure du rapport

Outre ce sommaire, le rapport compte cinq volumes.

Le **premier volume** décrit la façon générale dont nous avons abordé l'enquête, puis présente les principaux thèmes et principes découlant de notre mandat qui ont déterminé notre mode d'action. Ces grands thèmes forment le fil conducteur du rapport et font partie intégrante de notre analyse et de nos recommandations. Ce volume comporte également un certain nombre de chapitres d'information où nous décrivons la situation telle qu'elle existait lors de la mission en Somalie. Nous avons ainsi visé à permettre aux lecteurs de se familiariser avec la nature et l'organisation des forces armées canadiennes et avec les facteurs militaires, juridiques et culturels qui ont influé sur la participation du Canada à la mission en 1992-1993. Ce volume se termine par le récit de ce qui s'est produit avant, pendant et après le déploiement des troupes canadiennes en Somalie. En plus d'y relater les événements et les actes, nous signalons où nous soupçonnons l'existence de problèmes systémiques.

Les **volumes 2, 3, 4 et 5** renferment l'essence de nos travaux. Nous y analysons les événements décrits auparavant dans notre exposé des faits, pour arriver à nos conclusions et formuler nos recommandations. Pour chacun des grands thèmes définis précédemment, nous décrivons les normes (ce à quoi il aurait fallu s'attendre), précisons les écarts décelés (les préoccupations signalées aux chapitres 12, 13 et 14 du volume 1) et tirons des conclusions de cette analyse. Les recommandations suivent les conclusions. Elles figurent aussi à la fin du rapport de même que dans le présent sommaire.

Le **volume 2** aborde les thèmes principaux du leadership, de l'obligation de rendre compte et de la chaîne de commandement puis examine des questions capitales comme la discipline, l'aptitude de l'unité choisie pour la mission, les processus de présélection et de sélection du personnel, l'instruction, les règles d'engagement de la mission et la capacité opérationnelle générale.

Le **volume 3** est consacré à une étude de cas du processus de planification de la mission en vue du déploiement en Somalie. Le **volume 4** présente nos conclusions en ce qui concerne l'inconduite des officiers des Forces canadiennes qui avaient reçu des préavis en vertu de l'article 13 de la *Loi sur les enquêtes* relativement à la période antérieure au déploiement et qui n'ont pas respecté nos ordonnances visant la divulgation de documents liés à la mission en Somalie. Le **volume 5** contient des conclusions supplémentaires sur plusieurs sujets importants, dont une analyse fouillée de l'incident du 4 mars 1993 et de ses suites, la divulgation des documents, et une évaluation détaillée du système de justice militaire, accompagnée de recommandations en vue de sa réforme. Dans ce même volume, nous examinons les conséquences de la décision du gouvernement de mettre prématurément fin à nos travaux et indiquons ce que nous aurions pu accomplir si on nous avait donné le temps de compléter notre mandat. La conclusion, le résumé de nos recommandations et les appendices sont également regroupés dans ce volume.

Dans la suite de ce sommaire, nous présentons les points saillants de chacune des sections du rapport, puis nos recommandations.

GRANDS THÈMES

Dans le chapitre 2 nous présentons les thèmes centraux de notre mandat. Ils constituent un étalon à partir duquel nous pouvons mesurer l'ampleur des écarts que révèle la relation des événements effectivement survenus dans le désert de Somalie et dans les salles de réunion du Quartier général de la Défense nationale. Ces thèmes sont les suivants :

- le leadership
- l'obligation de rendre compte
- la chaîne de commandement
- la discipline
- la planification de la mission
- l'aptitude des soldats pour la mission
- l'instruction
- les règles d'engagement
- la capacité opérationnelle
- le camouflage
- la divulgation des renseignements
- la justice militaire

Une lecture attentive de ce chapitre permettra de mieux saisir les thèmes découlant de notre mandat. Chacun est ensuite traité séparément et en profondeur dans notre rapport. Le leadership et l'obligation de rendre compte sont deux thèmes primordiaux du fait de leur influence directe sur tous les autres, et parce qu'ils sont essentiels au bon fonctionnement des forces armées dans une société libre et démocratique.

LE CONTEXTE DE LA MISSION EN SOMALIE

Afin de bien comprendre ce qui s'est passé avant, pendant et après le déploiement en Somalie, il est nécessaire de saisir plusieurs aspects du contexte militaire canadien.

Par conséquent, le chapitre 3 examine la structure et l'organisation des Forces canadiennes et du ministère de la Défense nationale au moment de la mission en Somalie; le chapitre 4 décrit l'importance de la chaîne de commandement dans les forces armées canadiennes; le chapitre 5 expose la culture et l'éthique militaires; le chapitre 6 explore les relations entre civils et militaires au Canada; le chapitre 7 présente le système de justice militaire canadien au moment du déploiement en Somalie; le chapitre 8 décrit le système de gestion du personnel au sein des FC; le chapitre 9 relate l'histoire du Régiment aéroporté canadien; le chapitre 10 expose l'évolution des activités internationales de maintien de la paix et le rôle joué par le Canada dans ce domaine; et le chapitre 11 fait l'historique des événements en Somalie et décrit la situation qui a donné lieu à la participation du Canada.

CE QUI S'EST PRODUIT AVANT, PENDANT ET APRÈS LA MISSION EN SOMALIE

Les chapitres 12 à 14 relatent l'histoire de la mission somalienne. On y expose d'abord la détérioration de la situation en Somalie en 1992, et on conclut avec la décision du gouvernement de couper court aux travaux de la Commission d'enquête, en janvier 1997. En nous fondant sur les témoignages et les documents que nous avons reçus, nous estimons que ces chapitres présentent un récit suffisamment complet et équilibré de ce qui s'est effectivement passé pour servir de base à l'analyse détaillée des questions sur lesquelles nous avons été chargés expressément de faire enquête.

Le récit est structuré selon les trois phases qui avaient été précisées dans notre mandat, soit le prédéploiement, la présence sur le théâtre d'opérations et la période qui a suivi le déploiement. Ainsi, le chapitre 12, qui traite de la période antérieure au déploiement, rappelle la décision initiale de participer à l'Opération des Nations Unies en Somalie (ONUSOM), les préparatifs et la planification qui ont eu lieu, et les facteurs qui ont conduit à déclarer que le RAC était prêt pour l'opération. Le chapitre 13 décrit les événements qui se sont produits sur le théâtre d'opérations en Somalie, depuis l'arrivée des troupes canadiennes jusqu'au retour au Canada du Groupe tactique — Régiment aéroporté du Canada, en passant par les premières étapes de la mission, les incidents des 4 et 16 mars, et les efforts qui auraient été faits pour les dissimuler. Le chapitre 14, sur la période postérieure au déploiement, résume les procès en cour martiale qui ont suivi, les travaux de la commission d'enquête de Faye, la création du groupe de travail sur la Somalie au sein du MDN, et les événements qui se sont produits durant notre enquête — jusqu'à la décision du ministre de la Défense nationale de couper court aux travaux de notre Commission.

INTRODUCTION AUX CONCLUSIONS

Comme les volumes 2, 3, 4 et 5 du rapport renferment l'essence de nos travaux, ils constituent le gros de notre sommaire. Nous y analysons l'écart par rapport aux principes et thèmes définis au chapitre 2 comme étant la norme. Les thèmes se recoupent dans le discours théorique ainsi que dans la présentation des faits auxquels ils se rapportent. Les deux principaux sont le leadership et l'obligation de rendre compte, car ils sous-tendent dans une large mesure tous les autres. Nous avons déployé des efforts considérables pour étudier en profondeur et exposer la façon dont, à notre sens, ces deux éléments constituent la clé de voûte sur laquelle repose le bon fonctionnement des forces armées dans une société libre et démocratique.

LE LEADERSHIP

Notre examen du leadership a pour but d'établir une norme afin d'évaluer la qualité du leadership exercé par les dirigeants des Forces canadiennes lors de la mission en Somalie.

Un leadership efficace est un élément absolument essentiel dans le contexte militaire. D'après un manuel des Forces canadiennes, le « leadership est la raison d'être de tous les officiers des Forces canadiennes ». Sans un leadership fort, il est peu probable qu'une force armée puisse fournir les efforts concertés qui devraient la caractériser, et que ses membres puissent se rallier autour du but commun essentiel au succès des opérations militaires. Un leadership fort est associé à des degrés élevés de cohésion et à l'élaboration d'un objectif commun. Le leadership joue un rôle important à tous les paliers des Forces canadiennes, et cela vaut tant pour les officiers commissionnés que pour les sous-officiers.

Toutefois, le leadership est aussi un concept complexe qui fait appel à de nombreuses valeurs, et sa définition dépend dans une certaine mesure du contexte. Le leadership ne suppose pas seulement avoir de l'autorité, mais aussi être capable de diriger d'autres personnes. Un commandant ne sera pas un chef s'il ne fait pratiquement rien pour influencer et inspirer ses subordonnés. En réalité, le commandant ne devient un chef que lorsqu'il est accepté comme tel par ses subordonnés. Le leadership exige beaucoup plus que des compétences en gestion ou une autorité légale. Le chef est celui qui motive les autres. Comme le constate un commentateur américain du leadership militaire :

> Une personne ne devient pas un vrai chef du simple fait qu'elle occupe un poste ou exerce des fonctions qui nécessitent un comportement de chef. Ce genre de nomination peut correspondre à un poste de direction mais pas nécessairement à un leadership. Les postes de prestige et d'autorité ont des liens avec le leadership, mais ne coïncident pas nécessairement avec lui. [Traduction libre]

Une étude effectuée en 1995 par le ministère de la Défense nationale sur les attitudes des employés civils et militaires au MDN a révélé un sentiment d'insatisfaction à l'égard du leadership. Les répondants ont dit croire que les dirigeants du Ministère étaient trop occupés à se construire un empire et à « défendre leurs propres intérêts », et que le MDN était trop bureaucratique. Selon ce sondage, « les employés, tant militaires que civils, ont moins confiance dans les dirigeants et les gestionnaires du Ministère, ou ont perdu toute confiance en eux. » L'ancien chef d'état-major de la Défense (CEMD), le gén Jean Boyle, a déclaré publiquement en 1996 que les militaires du rang s'inquiétaient à juste titre de la qualité du haut commandement. Plus récemment, le lgén Baril, commandant du Commandement de la Force terrestre, déclarait :

> L'armée a des lacunes importantes sur le plan du leadership. [...] Même si certaines de ces valeurs fondamentales peuvent sembler démodées aux yeux de certains, elles n'en ont pas moins contribué à la sorte de leadership qui a forgé les liens de confiance mutuelle qui ont uni notre armée au combat. C'est cette confiance entre le chef et le soldat qui fait la différence entre une unité supérieure et une unité médiocre. [Traduction libre]

Compte tenu de toute la gamme d'opinions relatives à ce qui constitue le leadership militaire, nous avons décidé de recenser les qualités fondamentales qui y sont essentielles. Nous avons aussi tenté de déterminer d'autres attributs nécessaires, ainsi que les facteurs indiquant un bon rendement à cet égard. Nous avons examiné des documents militaires canadiens ainsi que des témoignages devant la Commission. De plus, nous avons consulté les ouvrages renfermant l'opinion de hauts dirigeants militaires, ainsi que d'autres experts dans le domaine. Nous avons été frappés de constater que les qualités nécessaires à un bon leadership dans les forces armées étaient les mêmes dans les divers documents que nous avons examinés.

Qualités et attributs du chef militaire efficace

Qualités fondamentales du chef militaire	Autres attributs nécessaires	Facteurs indicatifs du rendement
Intégrité	Dévouement	Donne l'exemple
Courage	Connaissances	Impose une discipline à ses subalternes
Loyauté	Intelligence	
Altruisme	Persévérance	Accepte les responsabilités
Autodiscipline	Esprit de décision	Défend ses convictions personnelles
	Jugement	
	Vigueur physique	Analyse les problèmes et les situations
		Prend des décisions
		Délègue et dirige
		Supervise (vérifie et revérifie)
		Rend compte de ses actes
		Travaille bien sous pression
		Assure le bien-être de ses subalternes

Telles sont les qualités que nous estimons importantes lorsqu'il s'agit d'évaluer le rendement des chefs dans le contexte de la mission en Somalie.

L'OBLIGATION DE RENDRE COMPTE

L'obligation de rendre compte est le principal mécanisme qui permet de vérifier si les normes d'action sont respectées. Dans une société libre et démocratique, les personnes investies de pouvoirs importants et d'une autorité discrétionnaire doivent être comptables de toutes les activités qui leur sont confiées — en somme, de toutes les activités dont elles sont responsables.

Au sein d'un système ou d'une organisation fonctionnant comme il se doit, chacun devrait être responsable de ses actes, que ceux-ci aient été bien exécutés et aient eu d'heureuses conséquences ou qu'ils aient été mal exécutés et aient eu des conséquences fâcheuses. En cas de faute, le fonctionnaire soumis à l'obligation de rendre compte ne peut se retrancher derrière le prétexte que les actes reprochés ont été commis par son subalterne. Il est toujours responsable devant ses supérieurs.

Quelle que soit la structure d'une organisation, les chefs sont toujours responsables des mesures et des décisions prises par leurs subalternes à tous les échelons. Dans une hiérarchie de commandement bien structurée, l'obligation de rendre compte n'est pas affaiblie par l'éloignement. Lorsqu'un subalterne commet une faute, celle-ci est partagée par celui qui la commet et par tous ceux qui exercent l'autorité : subalterne, supérieur et supérieur du supérieur. Dans sa forme la plus globale et la plus universelle, l'obligation de rendre compte se situe inévitablement au niveau du premier dirigeant de l'organisation ou de l'établissement.

Responsabilité n'est pas synonyme d'obligation de rendre compte. La personne qui est autorisée à agir ou qui est investie de pouvoirs est « responsable ». Mais elle a aussi des comptes à rendre. La personne qui exerce certains pouvoirs dans l'accomplissement de fonctions officielles doit répondre de l'exercice qu'elle fait des pouvoirs ou des fonctions qui lui sont confiés. La personne qui exerce un pouvoir de supervision est responsable, et donc comptable de la manière dont ce pouvoir est exercé.

La personne qui délègue des pouvoirs est également responsable, et donc comptable, non pas de la supervision directe que le superviseur est censé exercer, mais du contrôle dont fait l'objet celui à qui les pouvoirs ont été délégués et, en définitive, des actes posés par celui-ci. La délégation de pouvoirs ne relève pas le fonctionnaire responsable de son obligation de rendre des comptes. Il peut déléguer certains pouvoirs d'agir, mais il ne peut déléguer la responsabilité de s'assurer que les tâches sont bien exécutées.

Lorsqu'un supérieur délègue des pouvoirs d'agir à un subalterne, il demeure responsable, premièrement des actes posés par la personne à qui les pouvoirs sont délégués, deuxièmement du choix de la personne à qui les pouvoirs sont délégués, troisièmement de la pertinence de la délégation et, enfin, du contrôle qu'il doit exercer sur les actes de ce subalterne.

Même si le fonctionnaire de niveau supérieur fait preuve de diligence et de prudence et se conduit comme il se doit, il est toujours responsable des erreurs et des fautes commises par ses subalternes. En cas d'erreur, lorsque les autorités ont à établir si un supérieur a réagi comme il fallait devant l'erreur ou l'inconduite d'un subalterne, elles peuvent être justifiées à retenir une sanction ou une peine de moindre gravité ou à n'en imposer aucune.

Les personnes qui assument des pouvoirs de supervision ou qui ont délégué des pouvoirs d'exécution à des subalternes, sont tenues de savoir ce qui se passe dans leur secteur de responsabilité. Il incombe au supérieur de se tenir constamment informé de ce qui se passe dans son secteur de responsabilité même si les subalternes qui sont chargés de lui signaler tous les faits, situations et suites qui s'y rapportent manquent à leur devoir.

Lorsqu'un supérieur affirme qu'il n'a jamais été informé d'un fait ou d'une situation ou qu'on ne lui a pas fourni tous les renseignements requis sur des faits ou des situations liés à l'exercice de responsabilités organisationnelles, il importe de comprendre quels processus et quelles méthodes ont été prévus pour assurer la communication efficace des renseignements. Il est également pertinent d'évaluer la mesure dans laquelle ces renseignements étaient notoires ou connus de tous, et d'établir comment on aurait pu raisonnablement prévoir ce qui s'est produit. En outre, la réaction du gestionnaire qui vient de découvrir cette lacune dans la communication des renseignements sera souvent importante.

Jusqu'à maintenant, nous nous sommes appliqués à définir les termes et à établir des principes directeurs. Nous passons maintenant à une étude et à une analyse des questions pratiques que soulève l'obligation de rendre compte.

Nous constatons tout d'abord que les normes examinées ci-dessus n'ont pas été bien protégées récemment dans les Forces armées canadiennes. La hiérarchie de l'autorité au Quartier général de la Défense nationale (QGDN), et particulièrement entre le chef d'état-major de la Défense (CEMD), le sous-ministre (SM) et le juge-avocat général, est devenue confuse et déformée. L'autorité au sein des Forces canadiennes est mal définie par les dirigeants, ou elle n'est pas clairement évidente dans l'organisation, non plus que dans les actes et les décisions des dirigeants militaires dans la chaîne de commandement. En outre, nous constatons que les gouvernements ne se sont pas acquittés consciencieusement de leur devoir de surveiller les Forces canadiennes et le ministère de la Défense nationale de manière à ce que les deux fonctionnent sous le contrôle strict du Parlement.

Nous élaborons ci-après celles des lacunes que nous avons relevées qui ont le plus d'incidences sur l'obligation de rendre compte.

1. Les exigences, les politiques et les pratiques officielles en matière de présentation de rapports et de tenue de dossiers, dans l'ensemble du MDN et des Forces canadiennes, sont incohérentes, parfois inefficaces et susceptibles de donner lieu à des abus. Nous avons vu que, dans certains cas (par exemple, dans les comptes rendus et les procès-verbaux des réunions quotidiennes de la direction), au fur et à mesure que la publicité sur le déploiement en Somalie s'intensifiait, les documents devenaient délibérément confus ou n'étaient tout simplement pas conservés dans les dossiers, ceci afin d'éviter un examen ultérieur des opinions exprimées et des décisions prises.

2. Dans le chapitre 39, où est décrite la phase de nos travaux portant sur la divulgation de documents, nous démontrons qu'il y a une hostilité inacceptable à l'égard des objectifs et des exigences de la *Loi sur*

l'accès à l'information, qui fait partie intégrante de l'obligation de rendre des comptes au public. Aux paliers supérieurs, on semble se soucier davantage de gérer l'ordre du jour et de contrôler la circulation de l'information que d'affronter directement le problème et les questions qui se posent et de tenter de les résoudre.

3. Les fonctions et les responsabilités propres à bien des grades, à bien des postes et à bien des fonctions au QGDN sont mal définies et mal comprises. En outre, les rapports entre les officiers et les fonctionnaires au QGDN ainsi qu'avec les commandants des commandements et ceux des formations opérationnelles au Canada et outre-mer sont, au mieux, ambigus et incertains.

4. La nature et l'ampleur des fonctions et des responsabilités des supérieurs en matière de surveillance et de supervision manquent de clarté, sont mal comprises ou font l'objet d'un arbitraire personnel inacceptable. On semble justifier le défaut de surveillance et de supervision en se bornant à affirmer que le supérieur avait confiance que la personne à qui la tâche avait été confiée s'en acquitterait comme il se doit.

5. Les mécanismes actuels de vérification interne et d'examen des programmes, qui sont des responsabilités du chef du Service d'examen (CS Ex), sont enveloppés de secret. Les rapports publiés n'ont pas besoin d'être connus, et c'est le chef d'état-major de la Défense ou le sous-ministre, de qui relève le CS Ex, qui décide de ce que l'on en fait. Le CEMD ou le SM, selon le cas, a les pouvoirs discrétionnaires absolus concernant le suivi d'un rapport et la décision de soumettre ce dernier à un examen indépendant. Le CS Ex n'a pas l'autorité d'instituer des enquêtes. Il n'existe aucun mécanisme de suivi ou d'évaluation indépendante des rapports ou des recommandations de changement du CS Ex.

6. Il semble qu'une situation préoccupante existe concernant les rapports faisant suite à des incidents et les études exécutées sur commande à l'interne. Ces rapports et ces études peuvent servir aux fins de la reddition de comptes, pourvu qu'on les prenne au sérieux, que l'on examine avec soin les recommandations qu'ils renferment, et que l'on y donne suite. Bien que, dans la plupart des cas, les exigences concernant la production d'évaluations et de rapports faisant suite à des incidents soient claires, il n'y a pas de mécanisme systématique et rigoureux qui assure un examen et un suivi efficaces. Nous avons de nombreux exemples de problèmes qui ont été signalés à maintes reprises et à propos desquels rien n'a été fait et de recommandations proposant des solutions qui ne sont pas suivies. Leur sort semble laissé à l'entière discrétion des fonctionnaires des échelons supérieurs, qui

peuvent rejeter — et rejettent en fait souvent — les changements suggérés sans autre forme de discussion ou d'explication ni possibilité d'étude ou d'évaluation extérieure.

7. Les mécanismes de surveillance du ministère de la Défense nationale et des activités militaires par le Parlement sont inefficaces. Les membres d'un comité mixte du Sénat et de la Chambre des communes de 1994 approuvaient tous l'idée selon laquelle il fallait renforcer le rôle du Parlement pour les questions de défense. Nous n'envisageons pas que le Parlement joue un rôle de surveillance extraordinaire en ce qui concerne la conduite militaire mais, de toute évidence, il pourrait et devrait faire plus. Le Parlement est particulièrement efficace pour encourager les organismes à lui rendre compte en recevant, étudiant et diffusant les rapports que ceux-ci doivent lui soumettre (comme ce serait le cas, par exemple, des responsabilités que nous proposons de confier à un inspecteur général).

8. Nous avons repéré de nombreuses lacunes dans le fonctionnement de mécanismes de reddition de comptes plus indirects, comme les cours martiales et les procès sommaires, les enquêtes, les rapports et le processus de mise en accusation de la police militaire, les évaluations du personnel, les moyens utilisés pour inculquer et faire observer la discipline, les enquêtes sur les problèmes et les écarts de discipline, et les mesures correctives, les évaluations de l'entraînement, les déclarations de capacité opérationnelle, et ainsi de suite. Toutes ces questions font l'objet d'un examen approfondi dans plusieurs chapitres du présent rapport.

9. Nous avons constaté que le leadership en matière de reddition de comptes et l'éthique, ou l'ethos, à cet égard sont très déficients aux échelons supérieurs militaires, bureaucratiques et politiques. Hormis les platitudes qui figurent à présent dans les codes de déontologie, et le traitement superficiel de la question qu'on retrouve dans certains documents déposés par le ministre de la Défense nationale le 25 mars 1997, nous n'avons pas senti chez les représentants de ces trois échelons une volonté très forte de promouvoir la reddition de comptes comme une valeur souhaitable ni d'examiner sérieusement, et d'améliorer, les mécanismes de reddition de comptes.

10. De même, il semble qu'on soit peu ou point intéressé à créer ou à élaborer des mécanismes pour encourager les militaires de tous grades et les bureaucrates à faire rapport de façon précise et opportune aux autorités désignées des lacunes et des problèmes, et à établir ou suivre des processus et des procédés clairs pour faire enquête sur ces rapports et en assurer le suivi.

Cette description des graves lacunes sur le plan de l'obligation de rendre compte qui ont été révélées par l'expérience du déploiement en Somalie suggère plusieurs solutions possibles. Certaines des solutions proposées sont examinées plus en détail dans le présent chapitre et dans d'autres parties de ce rapport. Une suggestion concerne la création d'un bureau de l'inspecteur général, qui aurait pour but de promouvoir une meilleure reddition de comptes dans l'ensemble des Forces canadiennes et du ministère de la Défense nationale. Cette recommandation et d'autres qui lui sont connexes sont examinées en détail au chapitre 16.

LA CHAÎNE DE COMMANDEMENT

La chaîne de commandement est une filière bidirectionnelle d'autorité et de reddition de comptes qui relie le bureau du chef d'état-major de la Défense (CEMD) au plus bas échelon des Forces canadiennes. C'est aussi une hiérarchie de commandants qui prennent des décisions au sein des formations et unités fonctionnelles faisant partie de cette chaîne. Elle est censée être un instrument de commandement prépondérant qui permet aux commandants d'obtenir de l'information, de donner des orientations et de surveiller les opérations. Elle constitue un aspect fondamental de la structure et du fonctionnement des Forces armées canadiennes, et assurer sa solidité est donc une responsabilité primordiale du commandement.

À notre avis, avant et pendant le déploiement de la Force interarmées du Canada en Somalie, la chaîne de commandement des Forces canadiennes laissait gravement à désirer. La Commission d'enquête a été confrontée à de multiples reprises à des éléments flagrants de preuve révélant une chaîne de commandement qui fonctionnait très mal au sein des Forces armées canadiennes. Elle n'a pas bien joué son rôle comme filière de communication, et elle s'est rompue sous une tension minime. Des commandants sont, à plusieurs occasions, venus dire à la Commission qu'ils n'avaient pas eu connaissance de problèmes importants parce que personne ne les en avait informés. Ils ont aussi déclaré que des éléments d'information et des décisions importantes n'avaient jamais atteint les commandants subalternes ni les troupes, ou ne les avaient atteints qu'au prix d'une déformation du message. Le lecteur trouvera de nombreuses illustrations de ces problèmes au chapitre 17.

À titre d'exemple, les défaillances de la chaîne de commandement aux niveaux supérieurs sont illustrées de façon frappante par l'évaluation que les commandants faisaient du Régiment aéroporté du Canada en 1992. De nombreux officiers supérieurs de la chaîne de commandement, du mgén MacKenzie au gén de Chastelain, sont venus dire à la Commission qu'ils n'étaient pas au courant de la situation disciplinaire du RAC, ni de son aptitude à remplir la mission. Pourtant, ils ont soutenu, même pendant l'enquête, qu'ils croyaient le RAC parfaitement en mesure d'entreprendre une mission parce qu'ils étaient persuadés que le régiment était irréprochable sur les plans de la discipline et de l'esprit de corps.

Pendant toute la période qui s'est écoulée entre le début de 1992 et le déploiement du RAC en Somalie, en décembre 1992, plusieurs problèmes de discipline graves — dont au moins un de nature criminelle — sont survenus au sein du RAC. Ces incidents étaient d'une telle importance qu'ils ont notamment entraîné le renvoi du commandant du RAC, ce qui constitue en soi un événement unique et extraordinaire dans l'armée canadienne en temps de paix. Pourtant, on nous a dit que peu d'officiers de la chaîne de commandement connaissaient même l'existence de ces problèmes.

On nous a demandé de croire que la multitude d'officiers d'état-major responsables de gérer l'information provenant des unités, pour le compte des officiers supérieurs et des commandants en poste au Quartier général de la Force d'opérations spéciales, du Secteur du Centre de la Force terrestre et du Commandement des Forces terrestres ainsi qu'au QGDN, n'ont jamais informé aucun d'entre eux des graves incidents en question. En fait, il nous faut supposer que le système spécialisé de transmission d'information de la police militaire n'a pas réussi à pénétrer la chaîne de commandement, alors que ce système s'appuie sur des militaires du rang et des officiers qualifiés, habitués à établir des rapports de police et à mener des enquêtes à l'intention expresse des commandants. Autrement dit, il nous faut croire que les commandants ignoraient ce qui se passait au sein de leur commandement, et donc que la chaîne de commandement n'a pas rempli sa fonction. Cependant, tout indique que la chaîne de commandement a transmis suffisamment d'information, et que les commandants auraient dû enquêter sur la situation et agir.

On nous a dit sans plus d'explication ni aucune preuve à l'appui que « les Forces avaient une conception administrative de l'organisation et du contrôle du commandement et [que] tel est encore le cas. » Quoi qu'il en soit, à notre avis, la confusion entourant les responsabilités au QGDN et l'absence de définitions précises concernant le pouvoir de commandement dans les FC et au QGDN sont telles qu'elles soulèvent des questions inquiétantes sur la fiabilité du concept de commandement dans les Forces canadiennes en général, voire sur l'existence même d'un concept solide en la matière.

Les problèmes de la structure de commandement et de contrôle des FC pendant des opérations au Canada et à l'étranger n'étaient toutefois pas inconnus des chefs des FC. À preuve, dès 1985, le chef d'état-major de la

Défense avait commandé des études sur la persistance de la confusion qui régnait au QGDN en matière de planification opérationnelle, études qui ont confirmé ce fait. Le rapport d'une de ces études avisait le CEMD et le sous-ministre qu'on ne pouvait pas compter sur le QGDN pour produire des plans opérationnels efficaces ni pour assumer le rôle de base de commandement et de contrôle des Forces canadiennes pendant des opérations. En 1988, les faiblesses signalées dans la planification des opérations des FC près d'Haïti ont suscité la tenue d'une autre étude sur l'autorité et sur les responsabilités de planification au QGDN. L'étude a constaté : qu'on n'appliquait aucun concept convenu relativement aux opérations des FC en temps de guerre; que le QGDN était mal organisé pour assumer des fonctions de commandement; que les responsabilités du CEMD et du SM étaient floues; et que la « question la plus complexe qui avait été abordée » avait trait aux relations entre le sous-chef d'état-major de la Défense (SCEMD) et les commandants à l'extérieur d'Ottawa. Aucun de ces problèmes n'a été réglé de façon satisfaisante.

Un rapport préparé pour le compte du CEMD et du SM, en septembre 1992, a confirmé que ces problèmes n'avaient pas été traités de façon appropriée. Notamment, les évaluateurs ont constaté que « la structure de commandement était indûment complexe et qu'il y avait trop de possibilités d'interprétation erronée ». En outre, « l'évaluation a démontré qu'il était absolument nécessaire de mettre en place une structure de commandement et de contrôle simplifiée qui mettrait un terme à l'improvisation actuelle ». Donc, à partir de leurs propres études et expériences, les officiers supérieurs des FC auraient dû savoir que la structure existante de commandement des FC était à tout le moins suspecte et que cette situation exigeait une attention soutenue.

Bref, des éléments de preuve convaincants nous prouvent qu'avant et pendant le déploiement, la chaîne de commandement s'est révélée inefficace tant comme outil de transmission et de recherche de l'information que comme structure de commandement. En outre, des éléments de preuve considérables nous révèlent qu'un grand nombre de défectuosités dans la chaîne de commandement ont été surmontées par les chefs subalternes et leurs soldats qui, par les mesures qu'ils ont prises et les compétences dont ils ont fait preuve, ont permis l'exécution de l'opération. Ce fut tout particulièrement le cas lorsque l'opération « Cordon » (la contribution du Canada à la mission originale de maintien de la paix des Nations Unies) a été annulée et que l'opération « Deliverance » (la contribution du Canada à la mission d'imposition de la paix menée par les États-Unis) a été autorisée et mise en œuvre.

LA DISCIPLINE

Parmi les nombreuses questions que nous avons dû examiner, celle de la discipline s'est révélée d'une importance cruciale pour la compréhension de ce qui a mal tourné dans la mission en Somalie. Une bonne partie du problème du RAC en tant qu'unité, la plupart des incidents qui se sont produits à l'étape des préparatifs au Canada et les nombreux incidents troublants mettant en cause des soldats canadiens en Somalie ont une origine commune : le manque de discipline. Aux yeux des citoyens ordinaires, qui ont peu de contact avec les forces armées, la discipline constitue la pierre angulaire des armées, et on s'attendrait donc à ce que cette caractéristique soit très à l'honneur dans une force armée aussi réputée pour son professionnalisme que les Forces canadiennes. C'est l'écart entre les attentes du public et les événements réels qui se sont produits au cours de la mission en Somalie qui a retenu l'attention du public canadien et qui a occasionné l'institution de l'enquête. En guise d'exemple, il s'est produit 20 incidents de décharge d'une arme personnelle par accident ou par négligence, et deux incidents de décharge par accident ou par négligence d'armes servies par des troupes sur le théâtre d'opérations. L'un de ces incidents a fait un blessé et un autre a causé la mort d'un soldat des Forces canadiennes. La Commission d'enquête sur le leadership, la discipline, les opérations, les actions et les procédures du Groupement tactique du Régiment aéroporté du Canada a fait remarquer que ces décharges par accident se produisaient à « un degré inacceptable ».

Peu de professions dépendent autant de la discipline que les forces armées. La meilleure façon de concevoir l'armée est d'y voir un collectif d'individus qui mettent de côté leurs intérêts, leurs préoccupations et leurs craintes personnels pour se rallier collectivement au but poursuivi par le groupe. La canalisation de volontés et de talents individuels au sein d'une entité unique permet à une armée de relever des défis intimidants et de faire face à une grande adversité et, par conséquent, d'atteindre des objectifs qui seraient hors de portée sans cet effort concerté. C'est la discipline qui permet d'en arriver là.

La principale raison d'être de la discipline militaire est de mobiliser la capacité de l'individu pour répondre aux besoins du groupe. Le sentiment de cohésion qui découle de la combinaison des volontés individuelles des membres du groupe procure à celui-ci une unité d'intention. Le groupe qui en arrive à une telle cohésion forme véritablement une unité. Une bonne discipline est un facteur d'une importance capitale à tous les niveaux des forces armées, mais plus encore au niveau de l'unité. Le chapitre 18 porte en bonne partie sur le RAC considéré en tant qu'unité, ou sur ses diverses parties, les sous-unités du bataillon.

Cela dit, la discipline joue un rôle capital à tous les niveaux au sein des forces armées. Trop souvent, les armées ont tendance à traiter la discipline comme étant surtout l'affaire des échelons inférieurs, une dimension qui concerne principalement les sous-officiers et dont on n'a besoin qu'au niveau de l'unité et aux niveaux inférieurs. Mais la discipline est un facteur important du bon fonctionnement de la chaîne de commandement à tous les échelons des forces armées. Des officiers d'état-major ou des commandants indisciplinés qui se croient au-dessus des rigueurs de la discipline peuvent nuire bien plus à l'effort collectif des forces armées que n'importe quel soldat du rang.

Nous sommes arrivés à la conclusion que le RAC donnait manifestement des signes d'indiscipline au début des années 90, en dépit des mesures correctives recommandées dans le rapport Hewson de 1985 portant sur les infractions à la discipline et le comportement antisocial. Nous traitons ces questions en détail au chapitre 18.

Certains facteurs ont contribué aux problèmes disciplinaires qu'a connus le RAC, et plus précisément le 2e Commando, avant le déploiement, dont : le manque de collaboration périodique des régiments d'attache du RAC pour faire en sorte que leurs meilleurs hommes soient affectés à celui-ci; l'incompétence de certains officiers subalternes et de certains sous-officiers; les pratiques douteuses concernant le recrutement des sous-officiers au sein du 2e Commando; les rapports ambigus entre les caporaux-chefs et les soldats; le taux de roulement élevé au sein du RAC et des sous-unités; la méfiance et l'aversion qu'entretenaient entre eux un grand nombre d'officiers et de sous-officiers du RAC; l'aptitude sujette à caution de certains officiers à faire partie du RAC et à remplir les fonctions de leur grade; une tendance à minimiser la portée des infractions à la discipline, voire à les passer complètement sous silence; et la capacité soutenue des membres du RAC de se soustraire continuellement à leurs responsabilités quant aux infractions à la discipline.

Comme nous l'exposons avec davantage de détails au chapitre 19, le RAC n'était tout simplement pas prêt à entreprendre une mission à l'automne 1992, encore moins à se déployer en Somalie. Les trois incidents des 2 et 3 octobre 1992 ont révélé un sérieux relâchement de la discipline au sein du 2e Commando au cours de la période critique de l'entraînement et des préparatifs en vue des opérations en Somalie. Des pièces pyrotechniques ont été mises à feu illégalement à l'occasion d'une fête au mess des caporaux et soldats; une automobile appartenant au sous-officier de service a été incendiée; et des membres du 2e Commando ont utilisé des pièces pyrotechniques et des munitions qu'ils détenaient illégalement, à l'occasion d'une fête au parc Algonquin. La possession illégale de ces pièces pyrotechniques résultait à la fois d'un vol au MDN et de la soumission de fausses déclarations. Une fouille effectuée dans les locaux des soldats a permis de découvrir des munitions volées au MDN, ainsi que 34 drapeaux des Confédérés.

Ces incidents étaient si graves que le lcol Morneault a proposé de laisser le 2ᵉ Commando au Canada si les auteurs de ces actes ne se manifestaient pas. Après avoir consulté le mgén MacKenzie, le bgén Beno s'est opposé à ce plan. Presque tous ceux qui étaient soupçonnés d'avoir participé aux incidents d'octobre ont été autorisés à faire partie du déploiement. Plusieurs d'entre eux ont été à l'origine des difficultés qu'a connues le RAC en Somalie.

Malgré la doctrine, la pratique et les procédures établies, on a relevé des problèmes aux échelons supérieurs de la chaîne de commandement, dont une supervision inadéquate, ce qui a entraîné des carences sur le plan de la discipline, des lacunes dans l'acheminement de l'information, le caractère peu opportun des réactions sous forme d'avis ou d'intervention, ainsi que l'inefficacité des mesures correctives adoptées. Ces problèmes semblent s'être posés si fréquemment qu'ils témoignent de graves lacunes systémiques dans l'exercice du commandement.

Bref, l'attitude adoptée à l'égard de la discipline par les militaires de tous grades, des simples soldats aux commandants supérieurs des Forces canadiennes, était incontestablement faible. Le manque de respect et d'attention à l'égard de la discipline, sur laquelle repose tout l'édifice militaire, ne peut mener qu'à l'échec des opérations. Sous l'angle de la discipline, il ne fait pas de doute que la mission en Somalie s'est révélée un échec.

En réalité, au moment de la mission en Somalie, on tenait tout simplement la discipline pour acquise. Il semble qu'on supposait que des soldats entraînés au sein d'une armée professionnelle seraient naturellement bien disciplinés. On suivait la situation et on signalait les écarts de conduite de manière indifférente et sporadique, sans coordination centrale ni regard critique aux échelons les plus élevés de la hiérarchie. Par-dessus tout, cette fonction a fait l'objet d'une attention, d'une supervision, d'orientations, d'une application ou de mesures correctives inadéquates de la part des échelons supérieurs de la chaîne de commandement et, fait choquant, on n'en a fait aucun cas ou on l'a minimisée.

En prévision de l'avenir, la première exigence consiste à prendre des mesures pour reconnaître officiellement l'importance de la discipline et du rôle qu'elle doit jouer. Pour assurer la discipline, il s'agit de définir la politique et d'insister sur la doctrine, l'entraînement et l'instruction, mais aussi de veiller à ce qu'elle occupe une place prédominante et manifeste dans l'esprit des autorités supérieures. Les recommandations du présent rapport visent à faciliter ces changements.

APTITUDE ET COHÉSION

Aux termes de notre mandat, nous devions évaluer l'aptitude du Régiment aéroporté du Canada à servir en Somalie. Était-il adéquatement doté, organisé, équipé et entraîné pour cette mission particulière?

À cet égard, l'aptitude inhérente du RAC constitue une question importante. Or, si l'on affirme qu'une unité possède une aptitude inhérente, cela ne signifie pas nécessairement qu'elle est apte en tous points à accomplir chaque mission. C'est à ce stade précis qu'il faut envisager l'aptitude à une mission particulière.

Ces considérations théoriques mises à part, nous avons constaté que, même avant que le Régiment aéroporté du Canada ne soit restructuré en 1991-1992, il existait des lacunes reconnues dans l'organisation et le commandement du régiment. Ces différences ont été exacerbées par la réorganisation, qui n'est pas parvenue à éliminer l'indépendance des trois commandos du Régiment. Il n'y avait aucune collaboration entre les francophones et les anglophones, qui constituaient généralement des commandos distincts, et les rapports entre le 1er Commando et le 2e Commando en particulier dépassaient les limites de la simple rivalité, devenant même hostiles à certains moments. Cumulativement, cette situation s'est traduite, au sein du Régiment, par un manque de cohésion au niveau le plus fondamental.

En outre, la réduction de l'effectif du RAC lors de sa restructuration en 1992 a été effectuée sans qu'on ait d'abord décidé du « concept d'emploi » qui lui convenait. Les mesures prises étaient mal conçues. Comme en 1977, lors du transfert du RAC à la BFC Petawawa, la réduction de l'effectif du Régiment en 1992 s'est faite sans qu'on ait suffisamment réfléchi à la mission, au rôle et aux tâches appropriés pour le RAC.

De plus, la qualité de certains membres du personnel affecté au RAC s'est détériorée. Cette situation a été exacerbée lorsque le Régiment a été transformé en bataillon. Il y a eu des pénuries de personnel dans plusieurs domaines d'une importance cruciale, à un point tel que le RAC ne disposait pas de l'effectif approprié au moment de la mission en Somalie.

L'existence de graves problèmes de leadership à plusieurs niveaux du RAC a également sapé la cohésion du régiment, au point où il a cessé d'être efficace. Le manque de discipline constitue l'une des raisons pour lesquelles le RAC n'avait pas atteint un niveau de cohésion suffisant. Il existait aussi un manque de cohésion entre les officiers et les soldats du RAC. Le fait de n'avoir pas séparé les caporaux-chefs du reste des soldats dans les casernes a affaibli l'autorité des sous-officiers. En outre, il existait un manque de cohésion entre les officiers et les sous-officiers du RAC. Les conflits et le manque de confiance entre plusieurs officiers et sous-officiers occupant une place importante au sein du régiment nuisaient au bon fonctionnement de la chaîne de commandement.

Le Régiment aéroporté du Canada a connu un roulement de personnel important au cours de la période active des affectations à l'été de 1992. Ce roulement n'était pas particulier au régiment, mais il était néanmoins excessif et a contribué à compromettre la cohésion de l'unité au cours de la phase de préparation en vue de l'opération « Deliverance ».

Bref, si en théorie le RAC possédait une aptitude « inhérente » à accomplir la mission en Somalie, en réalité, l'état de son leadership, de sa discipline et de sa cohésion le rendait inapte à exécuter quelque opération que ce soit à l'automne de 1992. Dans l'optique de sa mission particulière, le RAC avait été mal préparé et, peu importe la norme appliquée, il n'avait pas la capacité opérationnelle requise pour être déployé en Somalie.

SÉLECTION ET PRÉSÉLECTION DU PERSONNEL

Pour évaluer la pertinence des processus de sélection et de présélection du personnel en vue du déploiement en Somalie, il faut se demander en premier lieu si les responsables du système ont pris des risques inacceptables — sciemment ou par négligence — en ce qui a trait à la dotation du RAC (qui constituait plus de 70 p. 100 du personnel des FC déployé en Somalie) et à la sélection des membres de cette unité jugés aptes à prendre part à la mission. Nous avons découvert des preuves abondantes qu'on a effectivement pris des risques inacceptables.

Au moment du déploiement en Somalie, le RAC n'avait pas été bien servi par le système de gestion du personnel. Des lacunes dans les façons de procéder et dans les actions et les décisions des personnes responsables du fonctionnement du RAC ont grandement contribué aux problèmes qu'il a éprouvés en 1992 et en 1993.

Les rapports d'appréciation du personnel, sur lesquels reposent les décisions clés concernant le perfectionnement professionnel d'un militaire (nomination, admission à des cours et promotion) minimisaient habituellement les faiblesses d'un candidat; et pourtant, on s'y fiait beaucoup, voire aveuglément, pour accorder de l'avancement et procéder à des nominations.

La chaîne de commandement a maintes fois passé outre aux avertissements selon lesquels des candidats choisis pour des postes importants n'étaient pas à la hauteur. Il était pratique courante pour les gestionnaires de carrières d'éviter de transmettre, à propos de candidats, des observations formulées par des pairs ou des subalternes. Ils n'acceptaient pas non plus l'avis des officiers au sujet de remplaçants. Sauf dans les cas de mesures disciplinaires ou administratives officielles, les renseignements concernant la conduite répréhensible de membres des FC n'étaient habituellement pas consignés au dossier ni transmis aux supérieurs immédiats. En outre, il n'existait pas de critères officiels de sélection des candidats pour des postes clés, tels ceux de commandant de régiment et de commandant d'unités du Régiment.

Le Commandement de la Force terrestre a dérogé à ses propres critères officieux afin de favoriser les candidats des régiments d'appartenance, même si d'autres candidats plus qualifiés étaient disponibles ou auraient pu le devenir. Les représentants des conseils des régiments d'appartenance, ou les « parrains » régimentaires, qui ne font pas partie de la chaîne de commandement et qui n'ont donc pas de comptes à rendre, exerçaient une trop grande influence. Cette situation posait un problème particulier pour le RAC, étant donné que les officiers en question étaient à peu près les seuls à pouvoir proposer des candidats de leur régiment en vue d'une affectation au RAC et qu'un mauvais choix aurait des conséquences beaucoup plus grandes pour le RAC que pour leur propre régiment.

Dans le processus de nomination, les objectifs de carrière individuels avaient trop souvent préséance sur les besoins opérationnels. On a laissé des impératifs bureaucratiques et administratifs diluer le principe du mérite et prendre le dessus sur les besoins opérationnels. Dans certains cas, la chaîne de commandement a laissé des facteurs sans aucune pertinence, telles la politique interrégimentaire et la politique nationale, influencer les nominations à des postes clés. On savait que le RAC avait besoin de chefs plus expérimentés que d'autres unités, mais la chaîne de commandement a sciemment choisi des candidats moins qualifiés pour occuper des postes clés dans le RAC, alors que de meilleurs candidats étaient ou auraient pu être disponibles.

Le Système de promotion par délégation de pouvoir (SPDP) a promu des soldats moins expérimentés au grade de caporal-chef — un poste important qui constitue le premier niveau de commandement dans les Forces canadiennes. Le RAC a abusé du SPDP en l'utilisant pour éviter de choisir des caporaux-chefs dans les régiments d'appartenance et promouvoir plutôt des membres du RAC. Compte tenu du manque de mobilité du personnel entre les trois commandos d'infanterie du RAC, il s'en est suivi que les postes dotés par le SPDP au sein du RAC ont été ouverts à beaucoup moins de candidats que ceux des régiments d'appartenance. Le cpl Matchee, par exemple, a été nommé caporal-chef par l'intermédiaire du SPDP, bien qu'il n'ait pas réussi à se classer au-dessus de ses pairs, qu'il ait participé à l'incident du 3 octobre 1992 dans le parc Algonquin, et que le commandant et le commandant adjoint de son peloton aient exprimé des réserves au sujet de sa nomination, et aient même mis en doute son aptitude à être déployé en Somalie.

Bien avant le déploiement en Somalie, le Commandement de la Force terrestre reconnaissait en général que le RAC était une unité spéciale, en ce sens qu'elle avait besoin de chefs mûrs et expérimentés à tous les niveaux, depuis les sous-officiers supérieurs jusqu'aux commandants de peloton, de compagnie et d'unité. Pourtant, au moment du déploiement en Somalie, la tendance était apparemment à la nomination de soldats et de chefs subalternes jeunes et peu expérimentés. Les pratiques de promotion telles que les prétendues « offres de l'aéroporté », qui permettaient de combler les vacances au sein du RAC par voie de promotion, et le Système de promotion par délégation de pouvoir — surtout de la façon dont il était utilisé dans le cas du Régiment aéroporté — ont contribué à cette tendance.

Il n'y avait pas de normes strictes de sélection des soldats pour le RAC. Le RAC pouvait rejeter le choix des candidats et renvoyer des soldats dans leur régiment d'appartenance, mais le choix des soldats à affecter au Régiment incombait entièrement aux unités d'origine. Le processus officieux de sélection étant géré par les unités et les régiments d'origine, le RAC risquait de servir de débarras pour les militaires trop agressifs ou les cas problèmes. Même s'il était reconnu que le Régiment avait besoin de soldats plus mûrs, certains soldats qui y ont été affectés avaient fait preuve encore récemment d'inconduite lors de certains incidents.

La présélection du personnel du RAC en vue de la mission a été entachée par des erreurs de jugement, en particulier dans le 2e Commando. On semble avoir fait passer le bon moral à court terme avant la discipline. Les dirigeants de l'unité n'ont pas tenu compte d'avertissements marqués au sujet de l'aptitude de certains membres du personnel. On a maintenu les nominations à des postes clés au sein du RAC en dépit de sérieuses réserves exprimées par des officiers supérieurs et des membres de la chaîne de commandement, et malgré le fait qu'il s'agissait du premier déploiement outre-mer de l'unité depuis plusieurs années.

Nos propositions concernant les politiques de nomination et de promotion des Forces canadiennes, ainsi que les autres mesures à prendre pour lutter contre le racisme dans les forces armées, figurent dans les recommandations qui suivent le présent sommaire.

L'INSTRUCTION

Pour qu'une unité soit prête sur le plan opérationnel, il est essentiel qu'elle soit formée de troupes bien entraînées pour effectuer toutes les tâches de la mission à laquelle elle est affectée. Par conséquent, notre rapport vise une vaste gamme de questions liées à l'instruction, dont les objectifs et les normes d'entraînement qui ont été utilisés pour les opérations « Cordon » et « Deliverance ».

Nous avons été étonnés de constater que, en 1992, malgré presque 40 années de participation intensive du Canada à des opérations internationales de paix, il n'existait pas de système officiel et normalisé d'instruction en vue des opérations de paix. On n'avait pas élaboré de politique globale de formation, fondée sur les besoins nouveaux, et il n'y avait pas de doctrine, de normes ou de mécanismes d'évaluation du rendement concernant l'instruction des unités affectées à des missions de paix. Cette situation existait en dépit du fait que les lacunes en matière de politique, d'orientation et de gestion de l'instruction avaient été clairement reconnues bien avant 1992, dans des examens internes et des documents d'état-major des FC.

Pour préparer leurs troupes en vue des missions de maintien de la paix, les FC comptaient presque exclusivement sur un programme d'entraînement général au combat, complété par une instruction propre à la mission pendant la phase antérieure au déploiement. Cette optique traditionnelle de la formation ne permettait pas de fournir au personnel militaire toute la gamme des compétences requises ni l'orientation voulue pour faire face aux défis variés et complexes que comportaient les missions de paix de la période qui a suivi la fin de la guerre froide. On n'a intégré l'instruction générale en maintien de la paix ni dans le système d'instruction individuelle ni dans le calendrier régulier d'instruction opérationnelle.

Pour s'acquitter de son mandat en tant qu'unité de réserve de l'ONU, le RAC aurait dû maintenir, en tout temps, une capacité générale au combat et une compétence en techniques générales de maintien de la paix (par exemple, compréhension de la nature des opérations de l'ONU et du rôle du Casque bleu, techniques de résolution des conflits et de négociation, relations interculturelles, retenue dans le recours à la force et opérations normales de l'ONU). Cependant, le RAC n'a pratiquement pas reçu d'instruction continue en techniques générales de maintien de la paix afin de se préparer aux opérations de l'ONU, en dépit du fait qu'il était désigné depuis de nombreuses années comme unité de réserve de l'ONU. Cette situation reflétait la conviction traditionnelle du MDN et des FC, selon laquelle l'entraînement général au combat est le meilleur moyen de préparer les militaires à des missions de maintien de la paix et constitue une solution satisfaisante à cet égard.

L'absence de doctrine d'instruction en matière de maintien de la paix, de lignes directrices relatives à l'élaboration de plans d'instruction pour les déploiements de l'ONU et d'un ensemble standardisé de précédents et de leçons tirées de missions antérieures a imposé un fardeau excessif aux officiers d'état-major subalternes du RAC aux étapes initiales de l'élaboration d'un plan d'instruction pour l'opération « Cordon ». Cette carence représente un manquement flagrant et inexcusable de la part des autorités militaires, particulièrement aux échelons supérieurs, étant donné que le Canada participe depuis des décennies à des missions de maintien de la paix. L'état-major du RAC a déployé des efforts considérables pour essayer de compenser cette absence de doctrine, de lignes directrices et de documents.

Le plan d'instruction pour l'opération « Cordon » ne prévoyait pas une instruction suffisante et appropriée en ce qui a trait à plusieurs aptitudes non liées au combat qui sont essentielles au maintien de la paix, dont la nature des opérations de maintien de la paix de l'ONU et le rôle du Casque bleu; le droit des conflits armés, y compris les procédures d'arrestation et de détention; l'instruction relative aux politiques sur le recours à la force, y compris les règles d'engagement propres à la mission; le perfectionnement des compétences en matière de négociation et de résolution de conflits; les relations interculturelles, la culture, l'histoire et la politique dans le contexte visé; ainsi que la préparation psychologique et la gestion du stress. Si le plan d'instruction ne permettait pas d'acquérir ces aptitudes non liées au combat, c'est surtout parce qu'il n'y avait pas de doctrine reconnaissant la nécessité d'une telle instruction, de normes d'instructions et de documents à l'appui.

La plupart des activités d'instruction du RAC pour l'opération « Cordon » se sont déroulées avant le 18 octobre 1992. Ces activités englobaient la plupart des catégories mentionnées dans les plans d'instruction pour septembre et octobre mais, étant donné l'absence d'objectifs, de normes et de critères d'évaluation en matière d'instruction, il était difficile pour les intéressés d'évaluer les niveaux d'instruction offerts et les niveaux de compétence atteints. Par ailleurs, il y a eu d'importantes lacunes en raison du manque de matériel et d'autres ressources nécessaires à l'instruction.

Les dirigeants à tous les niveaux de la chaîne de commandement, le commandant de la brigade constituant toutefois une exception notable, ont manqué à leur obligation de superviser convenablement les préparatifs d'instruction du RAC en prévision de l'opération « Cordon ».

Bien qu'il ait semblé conscient de la nécessité de donner le ton et d'inculquer une attitude convenant aux préparatifs d'instruction et à la mission, le RAC n'a pas su veiller à ce que le personnel, à tous les niveaux de l'unité, comprenne bien et adopte ce ton et cette attitude. Au moins quelques éléments du RAC ont gardé un comportement excessivement agressif pendant les exercices d'entraînement. Les efforts de dernière heure qui ont été déployés pour favoriser l'adoption d'une attitude compatible avec les missions de paix ne sauraient faire contrepoids à des années de socialisation axées sur le combat.

Il existait une certaine confusion au sein de la brigade et du régiment quant à l'objectif de l'exercice « Stalwart Providence » auquel le RAC avait pris part à l'automne de 1992. Cet objectif a donné lieu à diverses interprétations dès le stade de la planification : certains n'y voyaient qu'un exercice d'entraînement, d'autres, un exercice permettant d'éprouver la cohésion des sous-unités, d'autres encore un exercice visant à confirmer l'état de préparation opérationnelle du RAC dans son ensemble. Nous considérons que, compte tenu des délais très courts, on aurait dû se contenter de demander au commandant de prévoir un exercice régimentaire plutôt que de lui imposer en hâte d'organiser, au niveau de la brigade, un test de capacité opérationnelle.

Le court délai entre la communication de l'ordre d'avertissement et le déploiement n'a pour ainsi dire pas laissé de temps pour une instruction préparatoire à l'opération « Deliverance ». Rien n'indique que les autorités qui ont pris la décision d'affecter les troupes canadiennes à la nouvelle mission ont tenu compte des besoins en matière d'instruction, et rien ne permet de conclure que le commandement supérieur a donné au Groupement tactique du Régiment aéroporté du Canada des directives à ce sujet. En agissant de la sorte, le commandement supérieur a gravement manqué à ses obligations.

Le GTRAC n'a procédé à aucune véritable instruction après que l'opération « Cordon » (une mission de la paix en vertu du chapitre VI de la *Charte des Nations Unies*) soit devenue l'opération « Deliverance » (une mission d'imposition de la paix en vertu du chapitre VII). Les diverses conditions préalables à une planification efficace et au bon déroulement de l'instruction, notamment un énoncé de mission clair, des renseignements concernant le théâtre d'opérations, des règles d'engagement propres à la mission, l'accès au matériel et aux véhicules requis ainsi que des délais suffisants, n'ont pas été réunies. Le nouveau groupement tactique n'a pas pu suivre un plan d'instruction collectif. Le GTRAC a été déployé en Somalie, dans le cadre d'une mission qui risquait d'être dangereuse, sans avoir reçu d'instructions suffisantes et sans savoir fonctionner avec cohésion. Seule la chance lui a évité de devoir affronter, dès son arrivée dans le théâtre d'opérations, une démonstration de force qui aurait pu avoir des conséquences tragiques.

Nous concluons de manière générale que les soldats de métier envoyés en Somalie qui arboraient le drapeau du Canada sur leur uniforme n'étaient pas suffisamment préparés pour leur mission. Ce manque de préparation était attribuable en grande partie à de graves lacunes d'instruction. La mission exigeait des troupes bien dirigées, très disciplinées, et capables de souplesse dans l'exécution de diverses tâches nécessitant patience, compréhension et sensibilité à l'égard de la misère du peuple somalien. Or, les soldats sont arrivés dans le désert entraînés et mentalement conditionnés au combat.

Pour parer aux besoins futurs, nous exhortons les Forces canadiennes de reconnaître l'importance cruciale de la compétence en techniques générales de la paix ainsi que de l'instruction propre à la mission lorsqu'elles préparent une opération de paix. Nos recommandations à cet égard sont regroupées dans la conclusion du présent sommaire.

LES RÈGLES D'ENGAGEMENT

L'expression « règles d'engagement » (RE) désigne les directives régissant l'emploi de la force armée par les soldats dans un théâtre d'opérations. Les RE ont deux utilités fondamentales pour les membres des Forces canadiennes participant à des missions internationales. D'abord, elles définissent le degré et le type de force à laquelle les soldats peuvent avoir recours. Deuxièmement, elles précisent les circonstances et les limites relatives à l'utilisation de cette force. Elles équivalent à des ordres.

Il a été établi que des membres des FC en service en Somalie ont tiré des coups de feu et causé la mort de Somaliens au cours de plusieurs incidents. Pris séparément et collectivement, ces incidents soulèvent de graves questions au sujet des RE régissant les membres des FC en Somalie. Lors de la rédaction des RE, a-t-on prévu toute la gamme de situations pouvant nécessiter le recours à la force? Les RE ont-elles été clairement rédigées? L'information sur les RE a-t-elle été transmise adéquatement à tous les niveaux de la chaîne de commandement? Les membres des FC ont-ils reçu une instruction appropriée pour ce qui est des RE?

Pour répondre à ces questions, il faut rappeler les lacunes que nous avons notées ailleurs dans notre rapport : manque de clarté entourant la mission en Somalie; manque de temps pour se préparer, obligeant les responsables à prendre des mesures hâtives et mal conçues; une chaîne de commandement qui n'a pas clairement communiqué les RE aux soldats; une formation insuffisante sur les RE en général et sur celles propres à la mission avant le déploiement et dans le théâtre; et le peu d'empressement des membres des FC à respecter les RE.

Plus précisément, nous avons constaté que les RE avaient été communiquées aux soldats canadiens par bouts, lentement et au petit bonheur. Dans le théâtre d'opérations, il existait de nombreuses versions incompatibles de la carte du soldat. L'interprétation des RE a considérablement changé au cours des opérations en Somalie. En outre, les RE étaient incomplètes et plutôt vagues. Elles ne réglaient notamment pas le problème de la distinction capitale à faire entre un « acte d'hostilité » et une « intention hostile ».

L'interprétation et l'application des RE ont causé une profonde confusion au sein des troupes. Les interprétations fort douteuses proposées par les commandants n'ont fait qu'accroître cette confusion, tout comme le fait de ne pas avoir envisagé assez sérieusement de renoncer à appliquer les RE au vol simple et d'aviser les soldats en conséquence.

L'instruction qui a été donnée au sujet des RE pendant la phase préalable au déploiement et dans le théâtre était insuffisante et n'était pas conforme aux normes. En fait, nos soldats avaient reçu une piètre formation sur les

RE; en ce qui concerne cette question cruciale, leurs chefs supérieurs avaient semé la confusion dans leur esprit, les avaient induits en erreur et les avaient dans une large mesure abandonnés. Ces faits ont contribué de façon directe aux graves difficultés d'ordre pratique que posait l'application des RE pendant le déroulement des opérations canadiennes en Somalie, particulièrement en ce qui concerne l'incident du 4 mars.

Dans nos recommandations, nous avons tenté de préciser le genre de formation qu'on aurait dû dispenser en matière de règles d'engagement, de décrire la façon de les appliquer et de rendre ces règles plus claires.

LA PRÉPARATION OPÉRATIONNELLE

Le chef d'état-major de la Défense et les commandants subordonnés sont responsables de la préparation opérationnelle des Forces canadiennes et ils sont tenus d'en rendre compte. Cette responsabilité est particulièrement importante lorsque des unités ou des éléments des FC sont sur le point d'être affectés à des opérations qui pourraient être dangereuses, inhabituelles ou revêtir une importance spéciale pour l'intérêt national. Il appartient donc aux officiers de la chaîne de commandement d'avoir constamment un tableau précis de l'état des forces armées et d'évaluer la capacité opérationnelle des unités et des éléments des FC à participer à des missions données, avant d'autoriser leur déploiement en service actif ou dans des missions de sécurité internationale.

De toute évidence, il aurait été difficile pour le CEMD et ses commandants au Commandement de la Force terrestre et au Secteur du centre de la Force terrestre de connaître le niveau de préparation opérationnelle des unités en l'absence d'une méthode de vérification fiable. Or, la méthode en vigueur, le Système d'efficacité et d'état de préparation opérationnelle (SEEPO), n'était pas fiable, et peu d'efforts ont été faits pour mettre en place un processus adéquat avant de procéder aux évaluations en vue du déploiement. Par conséquent, du fait qu'ils ne pouvaient pas connaître et qu'ils ne connaissaient pas l'état initial des unités en 1992, le CEMD et ses commandants ne pouvaient pas vraiment déterminer quelles activités d'instruction ou autres, y compris le remplacement de l'équipement défectueux, étaient requises pour amener les unités au niveau final de préparation opérationnelle sans procéder à une inspection poussée de chaque unité. En outre, étant donné que les détails de l'opération « Deliverance » n'ont été connus qu'après l'arrivée sur place de la Force interarmées du Canada en Somalie, aucune évaluation de l'efficacité et du degré de préparation à la mission n'a pu être faite avant le déploiement de la force.

Ces graves lacunes du processus de planification laissent supposer que les évaluations et les « estimations » d'état-major qui ont été faites à tous les niveaux de commandement — notamment celles préparées à l'intention du CEMD au QGDN et dont ce dernier s'est servi pour conseiller le gouvernement sur l'envoi des Forces canadiennes en Somalie — étaient essentiellement subjectives et peu fiables. En outre, ces lacunes, conjuguées au fait que les commandants et l'état-major n'ont pas pris le soin de vérifier l'état exact des unités, laissent supposer que la planification subséquente ainsi que les décisions et mesures prises ultérieurement par les autorités et les officiers supérieurs étaient tout aussi arbitraires et peu fiables.

Nous avons constaté qu'il existe au sein du QGDN et du corps des officiers des FC une confusion fondamentale quant à l'importante distinction qu'il faut établir entre l'unité qui est prête à être déployée et celle qui peut être affectée à une mission militaire. La question qu'aucun commandant ne semble s'être posée en évaluant l'état de préparation d'une unité est « préparation à quoi? » L'absence de conclusions précises concernant l'état de préparation à la mission et la confusion entre la préparation au déploiement et la préparation — ou la capacité — opérationnelle sont des problèmes importants.

Les officiers ne s'entendaient pas sur le sens à donner à l'expression « état de préparation opérationnelle ». L'expression n'étant pas définie de façon précise dans la politique ou la doctrine, elle avait la signification que voulaient bien lui donner les officiers et les commandants. Autrement dit, n'importe quel officier pouvait déclarer une unité opérationnellement prête sans crainte d'être contredit, puisqu'il n'existait aucune norme de référence.

Un autre facteur qui explique ces lacunes est l'idée reçue au sein de la chaîne de commandement selon laquelle « l'état de préparation opérationnelle » est un critère subjectif, et que son évaluation relève exclusivement du commandant sur place. Les commandants de tous niveaux semblaient s'accommoder des déclarations de leurs subordonnés selon lesquelles le RAC et le GTRAC étaient prêts, sans s'assurer que leur capacité opérationnelle avait été vérifiée dans le cadre d'un scénario réaliste. Dans son témoignage, le mgén MacKenzie nous a déclaré que « curieusement, [l'état de préparation] n'est pas une expression en usage [...] dans l'armée. Selon la tradition, il incombe au commandant d'évaluer l'état de préparation » selon ses propres critères.

Les commandants se sont contentés d'imputer toutes les lacunes en matière de préparation au « piètre leadership » du lcol Morneault, en dépit de l'existence flagrante d'autres problèmes graves touchant l'unité et ses préparatifs. Il peut arriver que le commandant d'une unité soit jugé inapte et qu'il n'existe pas d'autres problèmes de préparation, mais ce n'était pas le cas du RAC. Il apparaît clairement que les commandants ont omis de procéder sur le terrain à une évaluation rigoureuse de tous les aspects de l'état de préparation du RAC à la mission, après avoir donné des ordres à l'unité.

Ainsi, juste avant le déploiement, les commandants de tous les niveaux de la FOS, du SCFT, du CFT et du QGDN avaient toutes les raisons d'évaluer la capacité opérationnelle du GTRAC, une nouvelle unité, et peu de raisons d'assumer qu'il était opérationnellement prêt pour la mission en Somalie. Malgré tout, aucun commandant de la chaîne de commandement n'a pris de mesures concrètes pour effectuer une telle évaluation ou pour répondre à l'ordre de le faire.

L'absence de normes et d'évaluations objectives et l'attitude « téméraire » et peu professionnelle des officiers supérieurs, ajoutées à d'autres contraintes — comme l'impression que les supérieurs voulaient accélérer le déploiement — peuvent presser les commandants de déclarer qu'une unité est prête avant qu'elle ne le soit vraiment. Les témoignages nous donnent toutes les raisons de croire que c'est ce qui s'est produit pendant la préparation à l'opération « Deliverance ».

Les problèmes qu'a connus le GTRAC pendant sa mission en Somalie se sont déroulés dans un contexte beaucoup plus pacifique qu'il n'avait été prévu avant le départ. Si nos soldats s'étaient heurtés à une résistance puissamment armée en Somalie, le manque de préparation opérationnelle du GTRAC aurait pu occasionner une tragédie de grande envergure, plutôt qu'une série de désastres et d'incidents isolés, si malheureux soient-ils.

PLANIFICATION DE LA MISSION

Le volume 3 analyse comment les officiers et les cadres du QGDN ont planifié de façon générale la mission en Somalie entre 1991 et 1993. Il offre une image fidèle et détaillée de la façon dont le Canada a planifié la participation des Forces canadiennes à une opération internationale. Dans nos recommandations, nous proposons des mesures qui favoriseraient une meilleure planification des opérations de maintien de la paix dans l'avenir.

Dans l'ensemble, pour ce qui est de la mission en Somalie, nous avons constaté que les paliers les plus élevés de la hiérarchie militaire ont fait preuve d'une précipitation et d'un enthousiasme téméraires en faveur d'une action de prestige présentant un risque élevé, et ce, au détriment des voies de droit régulières et d'une prise de décision rationnelle. On a systématiquement ignoré la doctrine, les processus militaires éprouvés, les lignes directrices et même la politique établie. Les lignes directrices et les listes de contrôle existantes n'ont reçu que très peu d'attention. Le déploiement des FC a donc débuté dans un contexte où la mission était floue, les tâches non définies, les dispositions relatives au commandement improvisées, les rapports avec le commandement américain non consolidés et les règles d'engagement imprécises. Un engagement international conçu à l'origine suivant la tradition canadienne de maintien de la paix a été transformé à la hâte en une opération militaire irréfléchie pour laquelle les FC, le RAC et le GTRAC étaient mal préparés.

LES MANQUEMENTS DES OFFICIERS SUPÉRIEURS

Le volume 4 est le seul volume où les conduites individuelles sont examinées de façon distincte des activités d'ordre systémique ou institutionnel. Les carences organisationnelles méritent certes notre attention; elles ressortent en de nombreux points de notre rapport, dans l'analyse détaillée des questions d'ordre systémique ou institutionnel. Cependant, nous voulons ici nous demander exclusivement s'il y a eu des manquements ou des carences individuels pendant la mission en Somalie et si certaines personnes se sont mal conduites. Notre mandat ayant été restreint, nous avons été forcés de limiter notre analyse des manquements individuels à la période précédant le déploiement et nos efforts en vue d'obtenir des documents de la DGAP. Nous avons informé les responsables de la phase de la mission s'étant déroulée dans le théâtre d'opérations que nous ne porterions pas de jugement sur les éventuelles fautes personnelles liées à cette phase, et nous avons retiré les préavis de faute grave qui leur avaient été remis.

Le premier chapitre du volume 4 s'intitule « Les manquements des officiers supérieurs ». L'examen que nous faisons ici des manquements en matière de leadership suppose l'application du principe de l'obligation de rendre compte dont nous avons traité précédemment, et l'appréciation des qualités de leadership décrites dans le chapitre portant sur cette question. Cependant, il y a un autre aspect propre au manque de leadership dont il est important de tenir compte dans la présente discussion, qui n'est pas abordé explicitement dans les autres parties du rapport. Il s'agit des lacunes découlant du fait qu'une personne manque à son devoir de commandant.

Les fautes ou manquements individuels en question ont déjà été cernés et signalés aux personnes concernées au moyen d'un préavis en vertu de l'article 13 de la *Loi sur les enquêtes*, aux termes de laquelle « [la] rédaction d'un rapport défavorable ne saurait intervenir sans qu'auparavant la personne incriminée ait été informée par un préavis suffisant de la faute qui lui est imputée et qu'elle ait eu la possibilité de se faire entendre en personne ou par le ministère d'un avocat. »

Les personnes qui ont reçu un avis en vertu de l'article 13 ont reçu celui-ci au début de nos travaux, et avant que nous entendions les témoins. Toutes les personnes ayant reçu un préavis en vertu de l'article 13 pouvaient convoquer des témoins et présenter des observations orales ou écrites, en plus du droit qu'elles ont eu pendant tous nos travaux d'obtenir la communication équitable et intégrale des renseignements demandés, d'être représentées, d'interroger et de contre-interroger des témoins.

Ces personnes, dont les actions sont examinées de près dans ce volume du rapport, sont des militaires dont la carrière est marquée d'importantes réalisations. Comme on peut s'y attendre de soldats montés aussi haut dans les FC, leur dossier militaire est jusqu'ici irréprochable. Pour eux, la mission en Somalie fait donc tache dans une carrière par ailleurs exemplaire. Certaines justifications ou excuses formulées devant nous pourraient, si on les accepte, modifier ou atténuer les conclusions auxquelles nous sommes arrivés. On nous a dit par exemple : « le système fonctionnait bien; les problèmes n'étaient le fait que de quelques mauvais éléments », « il se commettra toujours des erreurs », « je ne savais pas », « je n'étais pas au courant », « ce n'était pas ma responsabilité », « j'ai fait confiance à mes subalternes ». Nous n'examinons pas chacune de ces affirmations dans le volume 4, mais nous en avons dûment pris note.

Le fait que ces personnes doivent être considérées comme le produit d'un système qui encourage une attitude téméraire est une circonstance atténuante. Le réflexe d'acquiescer d'emblée à un commandement ou à une ligne de conduite plutôt que d'en remettre en question le bien-fondé va évidemment à l'encontre d'une discussion libre et franche, mais il est ancré dans la discipline et la culture militaires. Toutefois, les leaders soucieux de bien assumer leur responsabilité de commandement doivent reconnaître et affirmer qu'ils ont non seulement le droit mais aussi le devoir de déconseiller les actions inappropriées, sans quoi ils manquent de professionnalisme.

L'INCIDENT DU 4 MARS 1993

Les coups de feu tirés dans la nuit du 4 mars 1993 ont marqué un tournant décisif dans le déploiement des Forces canadiennes en Somalie. Ils ont entraîné la mort d'un ressortissant somalien et causé des blessures à un autre, et ils ont peut-être été à l'origine des événements tragiques du 16 mars. Ces événements, à leur tour, n'ont pu être dissimulés et ont jeté l'opprobre sur les Forces canadiennes et finalement, ce sont eux qui ont déclenché la présente enquête.

L'incident du 4 mars découlait en fin de compte de l'interprétation douteuse des règles d'engagement selon laquelle les soldats canadiens pouvaient, dans certaines circonstances, tirer sur les voleurs et les intrus en fuite.

La planification et l'exécution de la mission, ce soir-là, par le peloton de reconnaissance du GTRAC ont soulevé de graves préoccupations chez d'autres membres du Groupement tactique du Régiment aéroporté du Canada.

Immédiatement après les coups de feu, le maj Armstrong, le médecin militaire qui a examiné le corps de M. Aruush, le Somalien qui est mort lors de cet incident, a conclu qu'il avait été « liquidé » et il a alerté le commandant. Dans les jours suivants, le maj Jewer, médecin chef, et l'aumônier militaire ont rencontré le commandant pour exprimer des préoccupations semblables. Beaucoup soupçonnaient que les deux Somaliens avaient été trompés, piégés et abattus, en violation des RE. À Ottawa, les autorités du Quartier général de la Défense nationale ont immédiatement exprimé leur crainte que les deux hommes se soient fait tirer dans le dos tandis qu'ils s'enfuyaient des camps canadiens et qu'une force excessive ait été utilisée.

Malgré toutes ces préoccupations, l'incident a fait l'objet d'une enquête sommaire superficielle de la part du commandant, qui a chargé un capitaine faisant partie de sa chaîne de commandement de faire rapport sur l'incident. En d'autres termes, le commandant a enquêté sur ses propres actions et ses propres décisions opérationnelles.

Le rapport du commandant concluait que les coups de feu avaient été tirés dans les limites des règles d'engagement, exonérait le peloton de reconnaissance de toute responsabilité criminelle et louait son travail. Il est possible que d'autres membres du GTRAC aient vu dans ces conclusions des raisons de croire que tous les incidents de ce genre feraient l'objet d'une enquête menée dans le même esprit. En effet, en janvier et en février, il y avait eu plusieurs cas semblables de coups de feu tirés sur des Somaliens en fuite. En outre, certains prisonniers avaient été maltraités et photographiés comme s'il s'agissait de trophées. Tous ces incidents restés impunis, comme également les volées de coups qui auraient été administrées les nuits du 14 et du 15 mars, ont peut-être ouvert la voie à la torture brutale et à l'assassinat, le 16 mars, d'un adolescent somalien détenu au camp canadien.

Le chapitre 38 présente en détail les événements du 4 mars, les allégations faites par la suite, les lacunes de l'enquête sommaire et l'opération de camouflage qui s'en est suivie.

Nous formulons dans cette section des conclusions précises mais nous avons constaté que, d'une façon générale, la réaction de la chaîne de commandement aux problèmes administratifs, opérationnels et disciplinaires mis en lumière par l'incident du 4 mars a été faible, tardive, insuffisante, opportuniste, injustifiable et indigne du leadership militaire que nos soldats méritent et auquel s'attend le public canadien. Les intérêts personnels et institutionnels sont passés avant l'intégrité et le courage. Nous sommes convaincus, d'après les éléments de preuve dont nous disposons, que le fait que la chaîne de commandement n'ait pas essayé de résoudre les problèmes révélés par l'incident du 4 mars a ouvert la voie au décès par torture d'un adolescent somalien, 12 jours plus tard.

Transparence et divulgation de renseignements à la Commission d'enquête

Au cours de notre enquête, nous avons été confrontés à deux obstacles imprévus mais interreliés qui, à notre avis, ont considérablement entaché le degré de coopération dont ont fait preuve les Forces canadiennes et le ministère de la Défense nationale, notamment sa direction des affaires publiques, dans ses rapports avec la Commission d'enquête ainsi que l'ouverture et la transparence du Ministère dans ses rapports avec le public. Par ses actes, le MDN a entravé le déroulement de notre enquête et en a compromis l'efficacité; cela ne nous a laissé d'autre choix que de recourir à des procédures d'enquête extraordinaires pour pouvoir nous acquitter convenablement de notre mandat.

Le premier obstacle s'est présenté au niveau de l'exécution par le MDN de nos demandes de production de documents en vertu de la *Loi sur les enquêtes*, et des retards et des difficultés que nous avons connus dans nos rapports avec l'Équipe de liaison de l'enquête sur la Somalie (ELES).

Le deuxième obstacle, relié au premier, touche la non-conformité de la direction des affaires publiques du MDN (communément appelée DGAP) à notre ordre de divulgation et ses tentatives de destruction des documents reliés à la Somalie que nous demandions. Nous nous sommes également penchés sur le traitement par le DGAP des demandes de renseignements sur les incidents en Somalie présentées par Michael McAuliffe, un journaliste à la CBC. Cette affaire est devenue un sujet de préoccupation pour nous, car les documents demandés par M. McAuliffe recoupaient l'information qui faisait l'objet de notre ordre de production de documents adressé au MDN.

Notre mandat nous faisait obligation de faire enquête sur certaines questions qui nous ont inévitablement amenés à examiner les mesures et les décisions prises par le MDN en réponse à nos ordres de production de documents et aux demandes présentées en vertu de la *Loi sur l'accès à l'information* relativement à des documents qui faisaient simultanément l'objet de notre enquête. En fin de compte, ces événements sont venus confirmer les conclusions auxquelles nous en étions arrivés relativement à la médiocrité du leadership et du manque d'imputabilité aux échelons supérieurs des forces armées du Canada — deux questions qui sont devenues des thèmes constants tout au long de notre enquête et de ce rapport et qui se traduisent par ce qui semble être la prédominance de l'ambition individuelle, la tendance à jeter le blâme sur les subordonnés et une loyauté aveugle envers l'institution militaire au détriment de l'obligation d'informer le public et de rendre compte.

Le peu d'empressement du MDN à se conformer à nos ordres de production de documents et aux demandes ultérieures de documents particuliers n'a peut-être pas le caractère dramatique des événements de Somalie. Mais ces questions de respect des ordres inspirent des préoccupations plus vastes à l'égard du leadership dans les forces armées, des allégations de dissimulation et, en fin de compte, de l'ouverture et de la transparence du gouvernement, préoccupations qui revêtent une importance considérable pour ceux qui planifient l'avenir des Forces canadiennes et en fait, pour le gouvernement et les Canadiens et les Canadiennes en général.

La *Loi sur les enquêtes* confère aux commissaires nommés en vertu de cette loi de vastes pouvoirs d'enquête et le droit d'avoir accès à toute information considérée comme reliée à l'objet de l'enquête. Les actes qui contribuent directement ou délibérément à retarder le dépôt de documents ou altérer les documents et les dossiers réclamés aux fins de l'exécution d'un mandat confié en vertu de la Loi devraient être considérés par la population canadienne comme un affront à l'intégrité du processus d'enquête publique et à notre système de gouvernement. Sous cet éclairage, l'histoire de la non-conformité aux ordres d'une commission d'enquête publique et la nature du rôle joué par l'ELES dans cette histoire, laquelle est racontée dans les pages suivantes, en deviennent d'autant plus choquantes.

En surface, les événements relatés au chapitre 39 font croire soit à de l'incompétence, soit à un manque de respect envers la primauté du droit et le droit du public de savoir. À mesure que l'enquête avançait, nous avons rencontré des difficultés telles que la falsification ou la destruction de documents. On ne saurait trop insister sur l'effet cumulatif de ces actions sur nos travaux. Nous devions pouvoir compter au moment opportun sur une information exacte du Ministère pour décider des questions à examiner et du déroulement des audiences. Comme les documents n'étaient pas produits en temps opportun et qu'il manquait de nombreux renseignements cruciaux, les travaux de la Commission ont été retardés et notre personnel a passé beaucoup de temps à s'occuper des questions relatives aux documents.

En dépit de ces obstacles, nous avons pu examiner un certain nombre de questions de façon attentive et approfondie. Nos travaux ont progressé régulièrement mais, au bout du compte, les problèmes d'accès aux documents n'ont pas causé que des dérangements et des retards. Finalement, avec d'autres facteurs, les retards causés par ces problèmes ont amené l'annonce soudaine du gouvernement qu'il ordonnait de mettre fin aux audiences et d'avancer la date du dépôt du rapport. Il s'en est malheureusement suivi que beaucoup de témoins importants n'ont pas été entendus et que plusieurs des questions importantes qui avaient déclenché la création de la Commission demeurent sans réponse.

Au lieu de nous aider à obtenir l'information voulue en temps opportun, l'ELES a manifestement adopté des procédés stratégiques dans ses rapports avec la Commission, s'employant à retarder ou à empêcher systématiquement la divulgation de renseignements pertinents à la Commission et, partant, à la population canadienne.

Le fait que le MDN ait tardé à nous fournir de la documentation et que cette documentation ait été fragmentaire et incomplète, allié aux preuves irréfutables que des documents ont été détruits, falsifiés ou modifiés, a probablement eu comme conséquence la plus troublante d'éveiller naturellement et inévitablement les soupçons quant à l'existence d'une opération de camouflage s'étendant jusqu'aux plus hautes sphères du ministère de la Défense nationale et des Forces canadiennes.

La gravité de ces préoccupations et leur effet sur la nature de notre enquête nous obligent à relater ces événements de façon très détaillée au chapitre 39.

La justice militaire

En dépit des délais qui nous ont été imposés, nous avons été en mesure d'examiner toute la gamme des incidents disciplinaires qui se sont produits dans le théâtre d'opérations et après le déploiement. Il est clair que le système de justice militaire présente de nombreuses lacunes inhérentes qui ont contribué aux problèmes sur lesquels nous avons enquêté. À moins que des changements profonds n'y soient apportés, le système continuera de présenter des lacunes en ce qui a trait à la promotion de la discipline, de l'efficience et de la justice.

Afin de comprendre les problèmes soulevés au chapitre 40, il est essentiel de bien se rendre compte à quel point le commandant constitue la figure centrale du système de justice militaire. Le commandant possède des pouvoirs discrétionnaires à la plupart des étapes du processus de justice militaire, avant et pendant les enquêtes, les poursuites et le prononcé de la sentence ainsi que dans l'application des sanctions administratives et officieuses. Cette discrétion se manifeste partout, transcende tout et s'exerce pratiquement sans entrave.

Bref, un commandant mis au courant d'une inconduite possible peut convoquer une commission d'enquête ou ordonner une enquête sommaire, une enquête par la police militaire ou l'examen officieux des allégations. À l'inverse, le commandant peut décider de ne prendre aucune mesure.

Si le commandant choisit de faire enquêter sur la présumée inconduite, l'enquête peut se traduire par la recommandation de mesures à prendre contre un individu. Encore une fois, le commandant peut réagir de diverses façons, notamment en prenant des mesures disciplinaires ou administratives ou en ne prenant aucune mesure. Si le commandant choisit un des mécanismes de l'actuel système disciplinaire, un procès par voie sommaire, par exemple, il détient souvent d'autres pouvoirs discrétionnaires.

La police militaire peut également décider d'enquêter sur une inconduite possible. De son propre chef, elle peut décider d'enquêter et choisir ses méthodes d'enquête conformément à la loi. Toutefois, en pratique, ses pouvoirs sont limités parce qu'elle fait partie de la chaîne de commandement. De plus, d'autres facteurs limitent l'efficacité des policiers militaires dans des rôles de maintien de l'ordre traditionnel : leur expérience relativement limitée des enquêtes, leur conflit d'allégeance en tant que soldats et policiers militaires et le peu d'empressement des supérieurs à attribuer des ressources suffisantes aux enquêtes.

Le rôle du juge-avocat général (JAG) dans les enquêtes et la décision d'intenter des poursuites est plus limité que celui de la police militaire. Dans le cadre des responsabilités touchant les avis juridiques à donner aux décideurs du système de justice militaire, les officiers du JAG peuvent donner à la police militaire ou au commandant des avis sur la légalité d'une méthode d'enquête donnée ou aider à déterminer l'accusation à porter. Toutefois, les représentants du JAG ne sont pas tenus de participer aux enquêtes ou aux décisions relatives aux accusations. Néanmoins, les officiers du JAG poursuivent et défendent en cour martiale les membres des Forces canadiennes (FC) accusés d'infractions militaires.

Dans le chapitre 40, nous décrivons une vaste gamme de difficultés qui sont survenues lors des enquêtes et des interventions relatives à l'inconduite de certains membres des FC peu de temps avant, pendant et après le déploiement en Somalie, notamment les conflits d'intérêts, l'influence exercée par les commandants et le manque d'indépendance. Nous y décrivons les conditions qui, dans le système de justice militaire, ont contribué à ces difficultés. Nous discutons des facteurs qui limitent l'efficacité et l'objectivité du système de justice militaire et, en dernier ressort, la capacité des FC de s'acquitter de leur mandat. Dans ce chapitre, nous préconisons une restructuration importante du système de justice militaire afin de remédier à une grande partie des faiblesses du système actuel et nous formulons des recommandations en conséquence.

LA MÉFLOQUINE

La méfloquine est un antipaludique relativement nouveau, auquel le public canadien a accès depuis 1993. Elle sert à la prévention (prophylaxie) et au traitement de la malaria. La méfloquine est utilisée dans les régions où les souches locales de malaria ont développé une résistance aux autres médicaments antipaludiques. La Somalie est une de ces régions.

On nous a laissé entendre que la méfloquine avait de graves effets secondaires et qu'elle aurait entraîné un comportement anormal et violent chez certains membres des Forces canadiennes en Somalie. Il nous a été impossible d'examiner tous les effets possibles de la méfloquine. Cela aurait nécessité d'autres audiences consacrées à cette question, mais nous ne disposions pas du temps nécessaire. Nous voulons toutefois noter ici nos conclusions générales sur la méfloquine et son impact possible sur les opérations en Somalie.

Il est clair que la méfloquine a causé des problèmes mineurs en Somalie, comme on pouvait s'y attendre d'après l'examen des publications médicales sur le sujet. Nous avons appris que plusieurs individus ont souffert de troubles digestifs ou d'insomnie ou ont eu des rêves angoissants ou des cauchemars (que les soldats appelaient des « meflomars ») après avoir pris de la méfloquine. Les effets secondaires — ou du moins les effets secondaires mineurs, et peut-être aussi les effets secondaires majeurs — semblent avoir été particulièrement prononcés dans les 24 à 48 heures suivant la prise de méfloquine.

Si la méfloquine a effectivement été à l'origine de certains cas d'inconduite sur lesquels portait notre enquête ou si elle y a contribué de quelque façon, il se peut que le comportement des membres des FC qui étaient sous l'influence du médicament soit partiellement ou entièrement excusable. Cependant, pour les raisons décrites plus en détail au chapitre 41, nous n'avons pu en arriver à une conclusion définitive sur cette question. Nous ne pouvons que faire des observations générales sur la décision de prescrire de la méfloquine au personnel déployé en Somalie.

1. La décision prise par le MDN en 1992 de prescrire de la méfloquine aux membres des FC déployés en Somalie semble compatible avec les pratiques médicales en vigueur à ce moment-là. Ce point de vue se fonde sur les publications médicales de l'époque, selon lesquelles la méfloquine était un médicament antipaludique indiqué pour les troupes déployées en Somalie et les symptômes neuropsychiques graves étaient rares, se manifestant chez un usager sur 10 000 ou 13 000 environ. La méfloquine a aussi été administrée aux soldats américains, bien qu'à des doses plus faibles. Nous ne pouvons toutefois déterminer si le MDN a pris les précautions voulues pour que la

méfloquine ne soit pas administrée aux personnes souffrant de troubles psychiques graves, car on savait depuis 1992 qu'il n'était pas indiqué de prescrire la méfloquine aux individus ainsi affectés.

2. Au moment du déploiement, il ne semblait y avoir aucune preuve solide démontrant que la méfloquine pouvait interagir avec l'alcool de manière à provoquer des comportements anormaux ou à accroître les risques à cet égard, ou encore à aggraver ce comportement. Les effets indésirables possibles de l'interaction de la méfloquine avec l'alcool n'ont fait l'objet d'analyses détaillées dans les publications médicales qu'après le déploiement en Somalie. On ne peut donc blâmer le MDN de n'avoir su faire le lien entre la consommation d'alcool et l'usage de la méfloquine.

3. Des données médicales plus récentes laissent entendre que les effets indésirables graves découlant de l'usage de la méfloquine comme agent prophylactique ne sont pas aussi rares qu'on l'avait pensé au début, mais il y a divergence de vues à ce sujet et il y aurait peut-être lieu de procéder à une enquête plus approfondie.

4. L'usage de la méfloquine aurait pu contribuer au comportement anormal de certains soldats déployés en Somalie. Toutefois, avant de pouvoir déterminer si la méfloquine a contribué au comportement des personnes en cause, il faudrait d'abord répondre aux questions suivantes :

a. Les soldats en cause ont-ils pris de la méfloquine?

b. Les militaires en cause auraient-ils reçu une dose de « traitement » plus forte? Cela se serait produit uniquement s'ils avaient contracté la malaria. On savait, même à l'époque du déploiement en Somalie, que les doses plus fortes comportaient un risque plus élevé de troubles neuropsychiques que les doses plus faibles que la plupart des soldats ont reçues pour prévenir la malaria.

c. Les militaires des FC en cause avaient-ils déjà souffert troubles psychiques qui auraient pu accroître le risque d'effets secondaires graves attribuables à la méfloquine?

d. Quel jour de la semaine prenaient-ils de la méfloquine? Quel(s) jour(s) de la semaine les cas d'inconduite se sont-ils produits?

e. Les soldats se sont-ils plaints à un moment donné de symptômes quelconques, légers ou graves, dont on sait maintenant qu'ils sont associés à la méfloquine?

f. Quelqu'un a-t-il remarqué un comportement anormal de la part des militaires en cause dans les jours suivant la prise de méfloquine?

Dans l'affirmative, quel était ce comportement? Est-il raisonnable de dire que la méfloquine ait pu contribuer à ce comportement? Y a-t-il un autre facteur (consommation d'alcool, attitude raciste, caractère généralement belliqueux ou agressif de la personne en cause, milieu stressant, tolérance de la part des autorités à l'égard des comportements limites) qui aurait pu causer ce comportement ou y contribuer?

Il est évident qu'il faudrait une enquête plus approfondie pour pouvoir en arriver à des conclusions définitives sur le rôle possible de la méfloquine.

ABRÉGEMENT DE L'ENQUÊTE ET MANDAT INACHEVÉ

En vertu du mandat révisé qui nous a été confié au lendemain de la décision de la Cour fédérale, qui a qualifié d'illégale la décision du gouvernement fédéral d'abréger notre enquête, nous avons reçu instruction de faire rapport sur la période antérieure au déploiement en Somalie et sur tous les autres aspects de notre mandat initial dans la mesure où nous le jugions à propos. En conséquence, notre rapport décrit dans le détail toutes les questions que nous avons été en mesure d'examiner dans les délais impartis. Il donne aussi un aperçu des questions sur lesquelles nous avions été chargés d'enquêter à l'origine, mais que nous n'avons pu entièrement examiner par suite de l'abrégement de nos travaux.

Le public s'intéresse manifestement à connaître les réponses aux questions qui se posent sur ce qu'il reste à examiner dans l'affaire somalienne.

Le chapitre 42 commence par un compte rendu des efforts que nous avons déployés pour obtenir un délai suffisant pour nous acquitter de notre mandat. Nous examinons ensuite la décision du gouvernement de mettre fin à celui-ci. En conclusion, nous examinons les aspects du mandat que nous avons été obligés d'abandonner à la suite de la décision du gouvernement, soit le travail inachevé de la Commission.

Toutes ces questions ont été prises en considération dans notre demande de prolongation du délai qui nous aurait permis de présenter notre rapport en décembre 1997 plutôt qu'en juin 1997. Nous étions prêts à examiner ces questions : les questions et les témoins avaient été identifiés, et l'interrogatoire des témoins avait commencé.

Nous avons terminé l'enquête sur la période antérieure au déploiement. En ce qui concerne les opérations dans le théâtre, nous avons reçu et examiné suffisamment de témoignages et amplement de preuves documentaires au sujet de la plupart des questions énoncées dans notre mandat. Dans ce contexte, l'examen approfondi des événements survenus dans la nuit du 4 mars 1993, au cours desquels on a tiré sur deux civils somaliens qui s'enfuyaient, a produit des preuves substantielles, importantes et convaincantes qui nous ont permis de nous acquitter de presque toutes nos attributions.

Toutefois, nous n'avons pas fait tout ce que nous avions à faire. Nous n'avons évidemment pas pu analyser dans le détail la réaction globale de la chaîne de commandement, après le déploiement, aux problèmes rencontrés au cours de la mission en Somalie, ni la conduite des officiers supérieurs et des hauts fonctionnaires afin de déterminer leur responsabilité personnelle, car nos audiences ont été interrompues avant que les témoins les plus importants à l'égard de cette question et de la période visée aient pu être appelés à comparaître. Nos travaux ont été interrompus au moment même où nous commencions à interroger les plus hauts dirigeants des Forces canadiennes et du ministère de la Défense nationale et à examiner les allégations de camouflage relatives à certains incidents. Il a fallu annuler immédiatement les avis déjà envoyés à certaines personnes pour les avertir que leur conduite risquait d'être condamnée. Donc, nous avons pu examiner des questions systémiques découlant des événements survenus dans le théâtre d'opérations et après le déploiement, mais nous n'avons pas pu cerner, dans notre rapport, des cas d'inconduite ou des manquements de la part de qui que ce soit. La décision du gouvernement a effectivement permis à bon nombre de personnes qui occupaient des postes de commandement supérieur au cours du déploiement d'éviter de rendre compte de leur conduite, de leurs décisions et de leurs actes pendant et après la mission.

Plus précisément, nous n'avons pas pu entendre tous les témoignages pertinents des personnes qui occupaient à l'époque les postes de ministre et de sous-ministre de la Défense nationale, de juge-avocat général (JAG) et de chef d'état-major de la Défense. Ce sont ces personnes qui en fin de compte, étaient responsables et qui auraient normalement dû rendre compte du déroulement du déploiement, de la politique régissant celui-ci, des erreurs, lacunes et fautes éventuelles associées à sa planification, à son exécution et à ses suites, et qui auraient dû s'assurer que les Forces canadiennes et le ministère de la Défense nationale réagissaient de façon appropriée aux problèmes qui surgissaient ou qui étaient identifiés.

Nous aurions aussi appelé à comparaître les chefs de cabinet et les membres du personnel supérieur de ces responsables et dirigeants, non seulement pour entendre ce qu'ils avaient à dire au sujet de leur propre conduite et de celle de leurs supérieurs et de leurs associés, mais aussi pour comprendre comment leurs cabinets étaient gérés, les fonctions, rôles et responsabilités que leur personnel et eux-mêmes devaient remplir, et la politique ou les instructions permanentes d'opération applicables à la gestion de leurs cabinets.

Les porte-parole du gouvernement ont souvent affirmé qu'il nous apparte-
nait de décider de convoquer les commandements et les cadres supérieurs
et, le cas échéant, de déterminer le moment de leur comparution. Ils ont
déclaré que nous aurions aisément pu convoquer qui nous voulions dans les
délais dont nous disposions pour accomplir notre travail. Il suffit d'examiner le mandat rédigé par ce même gouvernement pour voir à quel point ces
affirmations sont irréalistes. Conformément aux articles de notre mandat
concernant les cadres supérieurs, nous devions essentiellement examiner les
moyens qu'ils avaient pris pour résoudre les « problèmes d'ordre opérationnel,
administratif et disciplinaire » survenus pendant le déploiement. Nous
devions, pour évaluer les mesures prises, cerner les problèmes (qui étaient
légion) un à un et avec soin.

Si les militaires avaient admis au départ l'existence de certains des problèmes, cela nous aurait simplifié la tâche. Toutefois, leur persistance à nier
les faits — jusqu'à ce que des preuves accablantes soient produites durant
nos délibérations et à la suite des incidents survenus en Bosnie — a rendu
notre travail nécessaire. Nous aurions essuyé des critiques justifiées si nous
nous en étions remis à ces mêmes cadres et enquêteurs, dont précisément
nous devions examiner et évaluer la conduite et les actes, pour cerner les
problèmes pour nous. Nous aurions encore davantage été critiqués — et avec
raison — si nous avions interrogé les cadres supérieurs au sujet de leur participation possible aux efforts de dissimulation, sans avoir préalablement
démontré ou recueilli des témoignages permettant de conclure qu'il y avait
effectivement eu camouflage ou tentative de camouflage, et sans avoir établi
la nature et l'ampleur des actes de dissimulation, la nature des renseignements
dissimulés et le rôle que les cadres en cause avaient pu jouer à cet égard.

M. Young, le ministre de la Défense nationale au moment de la décision
du gouvernement d'abréger l'enquête, a également déclaré, à maintes reprises
et à notre étonnement, que tout ce qu'il y avait à savoir au sujet de « ce qui
s'est passé » en Somalie était connu. Nous persistons à penser que des faits
importants touchant le déploiement et ses suites demeurent inconnus ou
obscurs. Les déclarations publiques du gouvernement nous avaient amenés
à croire qu'il jugeait également indispensable et dans l'intérêt des forces
armées canadiennes et de leur renouvellement, de mettre au jour, comprendre, affronter et analyser les faits publiquement et de façon indépendante et objective et d'aborder toutes les questions importantes énoncées
dans notre mandat. De toute évidence, nous nous étions trompés, car le gouvernement a renoncé à donner suite à son intention initiale et avouée de
demander des comptes aux cadres supérieurs qui ont participé à la planification et à l'exécution de la mission et réagi aux problèmes qui ont surgi.
Une fois de plus, l'histoire se répète, en ce sens que les militaires de grade
inférieur sont obligés de payer pour les échecs flagrants de leurs supérieurs.

Nous craignons que la mise en place de mesures de réforme superficielles et conçues à la hâte, alliée à la renonciation à exiger des comptes, ou encore la mise en œuvre de réformes sans rapport avec les faits et les problèmes reconnus et évalués de façon approfondie, indépendante et impartiale, ne fasse que retarder le jour où il faudra inévitablement rendre des comptes.

L'abrégement de notre enquête et de ses audiences nous a empêchés de traiter plus en profondeur certains faits, problèmes, erreurs et manquements importants liés au déploiement. Nous croyons cependant que nous devons, dans l'intérêt du public canadien et de ses forces armées, cerner, à tout le moins, les questions et les problèmes demeurés sans réponse qui découlent de certains incidents graves. Il faut espérer que ces problèmes et questions seront abordés et résolus, et que les mesures correctives appropriées seront prises.

Au chapitre 42, nous énonçons les autres questions que nous aurions explorées si notre enquête n'avait pas été abrégée. Ces questions sont regroupées sous les rubriques suivantes :

- L'émeute du 17 février au pont Bailey
- L'incident du 4 mars 1993
- L'incident du 16 mars
- Le meurtre d'un garde de la Croix-Rouge le 17 mars 1993
- La détention de personnes soupçonnées de vol
- Les actions, les décisions et les responsabilités des cadres supérieurs
- Le sous-ministre
- Le chef d'état-major de la Défense et le sous-chef d'état-major de la Défense
- Le ministre de la Défense nationale
- Le juge-avocat général
- Autres allégations de camouflage
- Questions systémiques

Toutes les questions restées sans réponse qui sont soulevées au chapitre 42 figuraient à l'ordre du jour et faisaient partie du plan de travail que nous avions remis au gouvernement le 27 novembre 1996. Ce plan comportait divers scénarios pour l'achèvement de nos travaux, et dans l'un d'entre eux nous nous engagions à fournir un rapport complet sur tous les aspects de notre mandat avant la fin de 1997. Ce projet, qui était fort détaillé, conte-nait un calendrier des audiences et une liste des principaux témoins que nous allions convoquer.

Nous étions persuadés que nous pourrions examiner en profondeur toutes les questions mentionnées ici et terminer notre rapport avant la fin de l'année 1997. Lorsque nous avons pris cet engagement, nous savions parfaitement que les enquêtes publiques devaient respecter des critères d'économie et d'efficience. Nous avons ressenti une vive irritation lorsque les retards mis à nous transmettre des documents importants et le temps consacré à faire enquête sur la destruction de documents militaires nous ont obligés à demander une prolongation de délai. Sans ces événements imprévisibles, nous aurions, à coup sûr, réussi à terminer nos travaux en un peu plus de deux ans à compter de la date de notre nomination.

LES FORCES ARMÉES DANS LA SOCIÉTÉ CANADIENNE

La mission en Somalie nous a permis d'examiner non seulement la relation entre les forces militaires et l'autorité civile, mais aussi celle qui existe entre les forces armées et la société canadienne en général. Cette étude revêt une importance particulière à l'heure actuelle étant donné l'incidence du déploiement en Somalie sur la réputation des Forces canadiennes et sur l'estime que la population canadienne a toujours eu pour ses forces armées.

Nous sommes partis du principe que puisque le Canada est un pays souverain, il continuera à avoir besoin d'une force armée professionnelle pour assurer sa sécurité. Dans le présent chapitre, nous examinons la place que les militaires occupent dans la société canadienne. Notre examen porte sur les facteurs touchant les forces armées canadiennes, les valeurs et les caractéristiques militaires, les affaires et les relations publiques, la raison d'être des forces armées, les activités de formation, ainsi que sur des questions comme l'agressivité et la discipline, le respect des lois, des droits et des obligations, et, enfin, les valeurs fondamentales des forces armées canadiennes.

Rien ne distingue davantage le soldat du civil que le fait d'accepter que l'un des droits fondamentaux auxquels on peut être appelé à renoncer dans l'intérêt national est le droit à la vie. L'obligation de sacrifier sa vie pour son pays est, ce que l'on appelle dans la documentation militaire, « la clause de la responsabilité illimitée ». Il s'agit là de la distinction essentielle entre les soldats et leurs concitoyens.

L'existence de cette qualité remarquable dépend de deux conditions. La première est la discipline, que les chefs doivent inculquer par l'exemple. Ceux-ci doivent être les premiers à vouloir se sacrifier pour leurs troupes.

En contrepartie, les soldats s'engagent à faire volontairement leur devoir et à sacrifier leur vie si nécessaire. La deuxième condition est le respect de l'éthique militaire, qui met l'accent sur les valeurs de base que constituent l'intégrité, le courage, la loyauté, l'altruisme et l'autodiscipline. Toutes les opérations militaires, de Vimy à Dieppe, d'Ortona à Caen, de Kapyong à l'ex-Yougoslavie, ont confirmé la nécessité de cette éthique.

D'aucuns prétendent que l'éthique des FC risque de s'émousser. En outre, certains militaires estiment que, même si elle facilite la gestion du MDN, la tendance récente à adopter des pratiques à caractère plus civil et commercial nuit aux Forces canadiennes. D'après eux, des valeurs militaires essentielles sont compromises du fait qu'en essayant d'adopter ces pratiques, les membres des forces armées finissent par s'identifier aux caractéristiques et aux valeurs qui les sous-tendent.

Compte tenu de l'expérience somalienne, il ne suffit peut-être pas d'établir un code d'éthique et d'exhorter les soldats à le respecter. Il semblerait plus indiqué de prévoir un exercice confirmatoire et probatoire afin de prouver que tous les soldats, mais plus particulièrement les haut gradés, appliquent l'éthique militaire et personnifient ses valeurs de base. Il incombe aux officiers supérieurs de réintroduire une éthique irréprochable dans les forces armées.

Nous recommandons aux officiers supérieurs des Forces canadiennes de redéfinir les caractéristiques et les valeurs des Forces canadiennes et d'instaurer un système d'autosurveillance permanente. Pour cela, il sera essentiel de confirmer les valeurs de base sans lesquelles il est impossible d'assainir le métier des armes au Canada. Pendant ce processus de réévaluation, les dirigeants des FC devraient se donner comme impératif d'être prêts à se conformer aux normes, aux valeurs, aux lois et à l'éthique canadiennes, dans le cadre de leurs opérations, en temps de paix comme en temps de guerre.

Les soldats portent l'uniforme officiel du Canada. Ils affichent le drapeau canadien sur cet uniforme lorsqu'ils sont en mission à l'étranger. Les attentes de la société à l'égard des porte-étendards du pays sont en effet plus grandes que ses attentes à l'égard du citoyen moyen. On part du principe que les soldats incarnent les traits du caractère national.

Nous croyons qu'une population éclairée reconnaîtra que, à notre époque, les forces armées ne peuvent pas renoncer à leurs valeurs de base, même lorsqu'elles s'efforcent de s'adapter aux changements qui se produisent dans la société. Le fléchissement des valeurs militaires est au cœur de l'expérience somalienne. Il est à espérer que, sous la direction des politiques et des médias, la population soutiendra les efforts déployés par les forces armées pour reconquérir la place particulière de dépositaire des valeurs nationales qu'elles occupaient jadis dans l'esprit du public.

LA NÉCESSITÉ D'AVOIR UN PARLEMENT VIGILANT

Le Canada a entamé une nouvelle relation avec ses forces armées, une relation qui exige en principe une plus grande participation des députés et des Canadiens en général à la direction, à la supervision et au contrôle des Forces canadiennes. Le contrôle civil des forces armées peut être une caractéristique à laquelle se reconnaissent les démocraties libérales, mais il ne s'exerce pas automatiquement. Le contrôle civil des forces armées, qu'elles se trouvent au Canada ou à l'étranger, devrait être le fait de citoyens attentifs agissant par l'intermédiaire d'un Parlement informé, sensibilisé et vigilant.

Le besoin se fait sentir de renforcer le rôle du Parlement en matière de définition et d'examen de la politique de défense. En outre, il est possible qu'on puisse atteindre cet objectif en établissant un mécanisme efficace au Parlement pour superviser l'organisation de la défense dans son ensemble, et en apportant quelques modifications importantes à la *Loi sur la Défense nationale*.

La condition essentielle pour le contrôle des forces armées et de tous les aspects de la défense nationale est un Parlement vigilant. Durant la période de 1949 à 1989, les missions, les tâches, l'organisation et le fonctionnement des forces armées étaient largement déterminés par les circonstances de la guerre froide. La surveillance des forces armées par le Parlement durant cette période était largement théorique. Depuis 1989, cependant, les Forces canadiennes ont été de plus en plus appelées à servir le Canada dans des situations complexes dans le cadre d'alliances incertaines, où les missions ou la doctrine applicable ne sont pas toujours claires et où les ressources sont, trop souvent, inadéquates.

Compte tenu de cette réalité, le Parlement doit faire preuve d'une plus grande diligence quand il s'agit de surveiller d'un œil critique les conditions convenues ou fixées par le gouvernement pour l'utilisation des Forces canadiennes à l'étranger et de protéger les membres des forces armées contre des risques excessifs. Le Parlement doit également surveiller les opérations des commandants et des troupes sur le terrain. En 1994, un comité mixte spécial du Sénat et de la Chambre des communes a déclaré que « quelles que soient nos vues personnelles sur les différents aspects de la politique ou des opérations de défense, il est un élément sur lequel nous nous sommes dès le départ entendus : le Parlement doit jouer un plus grand rôle en matière de définition et d'examen de la politique de défense ». Ceux qui préconisent un plus grand rôle pour le Parlement voient aussi la nécessité de renforcer la participation de celui-ci dans d'autres secteurs importants de la défense nationale. Leur argument est établi sur la base que le Canada a besoin d'un mécanisme moderne et plus efficace pour un plus grand contrôle de la défense nationale, un mécanisme qui convienne mieux à une démocratie libérale souveraine et aux circonstances auxquelles les FC devront probablement faire face au Canada et à l'étranger.

Il devrait en principe incomber au Parlement de mener des enquêtes de cette nature, bien que ce ne soit pas encore le cas. Pour obtenir une surveillance plus efficace, il importe d'améliorer les mécanismes d'enquête du Parlement. Pour commencer, comme il en a été question au chapitre 44, il conviendrait peut-être de définir clairement dans la loi les pouvoirs et responsabilités du ministre de la Défense nationale, du chef d'état-major de la Défense et, plus particulièrement, du sous-ministre de la Défense nationale. Nous recommandons également que le Parlement procède à un examen quinquennal de la *Loi sur la Défense nationale* pour voir si elle reste adéquate. Cela permettrait également de renforcer le rôle du Parlement et d'en assurer la croissance, tout en donnant aux militaires davantage accès au Parlement.

CONCLUSION

À ce stade-ci, il est inexact de parler de *conclusion* à l'égard du fiasco de la mission en Somalie. Notre enquête a été écourtée, et d'importantes questions restent sans réponse. L'affaire somalienne, malheureusement, demeurera un sujet pénible et délicat pour les forces militaires canadiennes pendant encore bien des années. On ne pourra clore le sujet que lorsqu'on aura résolu complètement et effectivement la multitude de problèmes qui assaillent les Forces canadiennes et le ministère de la Défense nationale.

Nous avons commencé le présent rapport en exprimant l'espoir sincère que jamais les forces armées canadiennes ne tomberaient plus bas que lors de l'opération somalienne, éventualité qui nous semble difficile à imaginer. Que la mission en Somalie représente ou non le point le plus bas jamais atteint, elle a certainement permis de nous en apprendre beaucoup sur la condition lamentable actuelle des forces armées.

Il faut marquer le déploiement en Somalie du stigmate de l'échec car la mission a échoué à de trop nombreux égards. Même si la lecture en est déprimante, une revue de nos conclusions sur des points fondamentaux montre bien l'ampleur du bourbier dans lequel nos forces armées se sont enlisées.

Le *leadership* a été l'élément central de notre enquête, car il fallait déterminer dans quelle mesure la mission avait échoué parce que les chefs avaient manqué à leur devoir. Tout au long du rapport, nous demandons sans cesse si les chefs ont fait ce qu'il aurait fallu faire. Trop souvent, la réponse est négative.

La question de *l'obligation de rendre compte* s'est posée tout au long de l'enquête, étant donné que le but même d'une enquête est de fournir un compte rendu complet de ce qui s'est produit. Le gouvernement d'alors et les Canadiens attendaient de notre enquête qu'elle produise des conclusions sur la responsabilité des officiers supérieurs des Forces canadiennes et des hauts-fonctionnaires du ministère de la Défense nationale à l'égard des échecs de la mission en Somalie. Nous établissons des principes de reddition de comptes qui nous serviront de points de repère pour évaluer les actions et les décisions des dirigeants supérieurs. Là encore, nous avons trop souvent constaté que ces actions et ces décisions laissaient scandaleusement à désirer.

Si la *chaîne de commandement* est inefficace, l'entreprise militaire est vouée à l'échec. Dans le cadre de notre enquête, qui consistait à examiner et à analyser la pertinence des actions et des décisions des chefs ainsi que l'efficacité de l'ensemble de l'opération, l'importance d'une chaîne de commandement efficace est évidente. Nous devons malheureusement conclure que la chaîne de commandement, que ce soit sur le théâtre d'opérations ou au quartier général de la Défense nationale à Ottawa, a carrément failli à la tâche à des étapes cruciales de la mission ainsi que par la suite.

La *discipline*, qui a principalement pour objet de harnacher les aptitudes de l'individu pour répondre aux besoins du groupe, est imposée initialement par une instruction rigoureuse. Le but ultime de la discipline militaire est d'amener chaque soldat au point où il maîtrise sa conduite et ses actions. Les chances de succès d'une mission dépendent du degré de discipline régnant parmi les soldats. Lors de la préparation au déploiement, de même qu'en Somalie même, le degré de discipline au sein des troupes était dangereusement insuffisant — une situation qui a persisté sans jamais être corrigée.

La *planification de la mission* nécessite une préparation et une planification adéquates. Quand ces étapes présentent des défauts, la mission a de bonnes chances d'échouer. Des lacunes importantes en matière de planification étaient évidentes en ce qui concerne les changements de dernière minute apportés à la mission, son lieu, les tâches à accomplir, les règles régissant le recours à la force, l'organisation, la composition et la structure des forces ainsi qu'en ce qui concerne le soutien logistique, les armes et le matériel et l'instruction des militaires.

La question de l'*aptitude* porte sur les qualités de l'unité choisie pour la mission en Somalie. Puisque le Régiment aéroporté du Canada a été choisi pour servir en Somalie, il nous a fallu évaluer la pertinence de ce choix par les hauts gradés, compte tenu de réalités comme les lacunes et les manquements reconnus dans l'organisation et le leadership du régiment; la restructuration et la réduction des effectifs du régiment; l'impuissance à remédier aux problèmes connus de discipline et le roulement important de personnel survenu juste avant le déploiement. Notre examen de cette question nous a amenés à conclure que, pour cette mission en particulier, le RAC était manifestement inapte à servir en Somalie.

L'*instruction* constitue la base de la discipline et le fondement de l'image professionnelle des forces armées. Pour évaluer l'état de préparation opérationnelle d'une unité, il est essentiel de déterminer si les troupes sont bien formées pour s'acquitter de tous les aspects de la mission qui a lui été confiée. Dans notre rapport, nous avons tâché de répondre à la question de savoir si les soldats déployés en Somalie avaient reçu une instruction adéquate pour la mission qu'ils avaient à accomplir. Pour cela, il a fallu évaluer la nature et la pertinence de l'instruction réellement dispensée ainsi que les politiques régissant cette instruction, et examiner si le rendement de nos soldats aurait pu être meilleur s'ils avaient reçu une instruction supplémentaire, plus précise et plus poussée. En ce qui concerne l'instruction relative à la mission, nous en arrivons à la conclusion que, à presque tous les égards, la mission en Somalie a été un échec lamentable.

Les *Règles d'engagement* sont les directives opérationnelles qui régissent l'application de la force armée par les soldats dans le théâtre d'opérations et qui définissent le degré, les circonstances et les limites d'application de cette force ainsi que la manière de l'appliquer. Notre travail consistait à évaluer dans quelle mesure les règles d'engagement ont été interprétées, comprises et appliquées adéquatement à tous les niveaux de la chaîne de commandement des Forces canadiennes. Nous constatons que les RE avaient été mal rédigées, qu'elles ont été transmises trop tard, qu'elles n'ont jamais fait l'objet d'une formation appropriée et qu'elles ont été interprétées et appliquées de façon incohérente. De plus, nous avons relevé de sérieuses lacunes dans la politique et les procédures canadiennes touchant l'élaboration, la formulation et la transmission des règles d'engagement.

Pour évaluer la *capacité opérationnelle*, il faut analyser de manière rigoureuse et exhaustive si une unité est prête à s'acquitter de sa mission dans un théâtre d'opérations. Dans un certain sens, le concept regroupe tous les points abordés jusqu'ici. Si une unité est dirigée par des chefs compétents et responsables qui respectent les règles du système hiérarchique et y adhèrent, si les soldats servant sous les ordres de ces chefs sont recrutés et sélectionnés de façon appropriée, s'ils sont solidaires, bien formés et disciplinés, s'ils ont des règles d'engagement bien conçues, transmises efficacement et qu'ils comprennent clairement, alors on peut être certain que cette unité est prête sur le plan opérationnel à être déployée et à servir. À notre vif regret, nous en sommes venus à des conclusions négatives sur chacun de ces éléments et avons constaté que le Régiment aéroporté du Canada n'était fondamentalement pas prêt, sur le plan opérationnel, à s'acquitter de sa mission.

Le terme *camouflage* a été utilisé dans notre rapport pour décrire une ligne de conduite délibérée visant à contrarier le droit, moral ou juridique, du public à l'information et trahissant une réelle volonté de dissimulation. Chez les militaires, des lois et des règlements stricts imposent des devoirs bien précis en ce qui concerne les rapports, la conservation ou la divulgation de renseignements. Dans le cadre de notre enquête, nous avons constaté qu'il y a eu camouflage à trois égards : les rapports d'incidents importants survenus sur le théâtre d'opérations et la pertinence des enquêtes qui ont suivi;

l'altération et la falsification de documents et la manipulation des processus d'accès à l'information; et la non-communication ou la communication, avec une lenteur délibérée ou sous une forme incomplète, de nombreux documents auxquels nous avions droit et que des autorités, tant gouvernementales que militaires, avaient promis publiquement de nous fournir. Nous avons relevé des manquements graves aux règles morales et juridiques à cet égard quand nous avons découvert les origines du camouflage à l'égard de l'incident du 4 mars 1993 et dans notre examen de la direction des affaires publiques du MDN.

Nous ne tirons aucune satisfaction à dire que ce qui s'est passé est honteux. Il n'existe pas de terme plus juste et moins direct pour décrire ce que nous avons découvert. Il n'y a pas grande fierté à tirer de cet échec.

L'échec de la mission en Somalie est attribuable d'abord et avant tout aux dirigeants. Bien que nous ayons identifié dans notre rapport certains manquements individuels — surtout en ce qui concerne la phase précédant le déploiement de la mission — les manquements que nous avons relatés plus en détail sont ceux qui mettent en cause la responsabilité organisationnelle ou collective à l'égard des carences institutionnelles ou systémiques. Les dirigeants des FC et du MDN visés sont ceux qui occupaient les échelons supérieurs de leur organisation pendant les périodes examinées. L'ensemble des hauts gradés qui étaient responsables de la mission en Somalie et de ses contrecoups doivent assumer la responsabilité des lacunes dans l'organisation dont ils avaient la charge.

Les dirigeants supérieurs auxquels nous nous sommes intéressés font partie d'un groupe d'élite. Jusqu'à maintenant, ils avaient eu une carrière marquée de réussites, d'éloges et de récompenses. Nous comprenons que le fait d'être impliqué dans une enquête comme la nôtre, où l'on examine à la loupe des événements et des problèmes passés, peut être une expérience particulièrement éprouvante. Certains de ceux qui faisaient partie de ce groupe sélect à l'époque pourraient même se plaindre d'avoir été éclaboussés par l'affaire somalienne. Nous n'avons guère de sympathie pour ce genre de plaintes. Leadership va de pair avec responsabilité.

Plusieurs des hauts gradés dont nous avons parlé dans notre rapport ont maintenant pris leur retraite ou sont passés à autre chose. À notre avis, les forces armées ne s'en trouveront que mieux. Il est temps qu'une nouvelle direction apparaisse au ministère de la Défense nationale et dans les Forces canadiennes, et il est temps que ces nouveaux dirigeants donnent aux forces armées une nouvelle orientation. Nos soldats consciencieux et très patients le méritent bien.

Dans notre rapport, nous faisons des centaines de constatations, grandes et petites, et formulons 160 recommandations. Nous n'avons pas la prétention de proposer un plan visant à corriger tous les maux des forces armées, mais si les réformes que nous suggérons sont étudiées consciencieusement et mises en œuvre avec diligence, nous croyons que le processus de guérison pourra commencer.

RECOMMANDATIONS

Chapitre 15 – Le leadership

Nous recommandons :

15.1   Que le chef d'état-major de la Défense adopte, en fonction des qualités fondamentales du leadership militaire, des autres attributs nécessaires et des facteurs de rendement établis au chapitre 15 du présent rapport, des critères formels visant à définir le leadership qui s'impose dans les Forces canadiennes et à orienter la sélection, la formation, le perfectionnement et l'évaluation des chefs.

15.2   Que les qualités fondamentales et les autres attributs nécessaires définis au chapitre 15 du présent rapport entrent en compte dans le choix des officiers à promouvoir à un grade d'officier général. Ces qualités fondamentales sont l'intégrité, le courage, la loyauté, l'altruisme et l'autodiscipline. Les autres attributs nécessaires sont le dévouement, les connaissances, l'intelligence, la persévérance, l'esprit de décision, le jugement et la résistance physique.

15.3   Que le chef d'état-major de la Défense adopte, en ce qui concerne l'obligation de rendre compte des personnes qui occupent des postes de chef au sein des Forces canadiennes, des critères officiels qui soient inspirés des principes établis au chapitre 16 du présent rapport et structurés selon les rubriques suivantes : obligation de rendre compte, responsabilité, supervision, délégation, sanctions et connaissances.

15.4 Que les Forces armées canadiennes se mobilisent pour améliorer le leadership à tous les niveaux en veillant à ce que l'on adopte et respecte les principes contenus dans les conclusions et les recommandations de notre Commission concernant la présélection, la sélection, la promotion et la supervision du personnel; la prestation d'une formation militaire de base et d'une formation continue; l'autodiscipline et l'application de la discipline à tous les grades; la chaîne de commandement, l'état de préparation opérationnelle et la planification des missions; les principes et les méthodes exposés tout au long du présent rapport en ce qui a trait à l'obligation de rendre compte.

Chapitre 16 – L'obligation de rendre compte

Nous recommandons :

16.1 Qu'en toute première priorité, la *Loi sur la défense nationale* soit modifiée pour créer un organe d'examen indépendant, le Bureau de l'inspecteur général, auquel seront conférés une compétence particulière bien définie et des pouvoirs clairs et distincts, y compris les suivants :

(a) pouvoir d'évaluer les problèmes systémiques de la justice militaire;

(b) pouvoir d'enquêter sur les cas d'inconduite d'officiers tels que le défaut d'enquêter et de prendre des mesures correctrices, l'inconduite personnelle, le gaspillage et les abus, et l'injustice possible à l'égard de personnes;

(c) pouvoir de protéger d'éventuelles représailles les personnes qui rapportent des méfaits;

(d) pouvoir de protéger les personnes contre les abus de pouvoir et les mauvaises décisions concernant le personnel, y compris le harcèlement en raison de la race.

16.2 Que le chef d'état-major de la Défense et le sous-ministre de la Défense nationale entreprennent une vérification et un examen complets des aspects suivants :

(a) obligations, rôle et responsabilités de tous les officiers et hauts fonctionnaires afin de définir plus précisément et plus clairement leurs tâches, fonctions et devoirs;

(b) procédures et pratiques régissant l'établissement des rapports, la tenue des dossiers et la conservation et l'élimination des documents, y compris le caractère adéquat des peines prévues en cas d'infraction;

(c) devoir et responsabilité des officiers et des hauts fonctionnaires du Quartier général de la Défense nationale d'informer le gouvernement des activités ou des opérations militaires prévues ou envisagées.

16.3 Que le chef d'état-major de la Défense intègre les valeurs, principes et méthodes relatifs à l'obligation de rendre compte dans les cours d'éducation permanente du Collège militaire royal à l'intention des élèves-officiers et dans les cours d'état-major, dans les cours de commandement et d'état-major ainsi que dans les cours destinés aux commandants supérieurs. Ces cours devraient notamment établir clairement le processus de reddition de comptes à respecter lorsqu'on occupe un poste de commandement et qu'on donne des ordres et faire valoir l'importance de l'exemple donné par les officiers supérieurs en matière de moralité et de respect de la loi.

16.4 Que, pour renforcer la capacité du Parlement de surveiller et de superviser les questions de défense, la *Loi sur la défense nationale* soit modifiée pour exiger le dépôt au Parlement d'un rapport annuel détaillé sur les questions intéressant principalement les activités du portefeuille de la Défense nationale et dans lequel seraient précisées les normes d'évaluation du rendement pertinentes. Les aspects suivants, entre autres, seraient examinés :

(a) les problèmes opérationnels;

(b) le détail des questions de discipline;

(c) les lacunes administratives;

(d) les préoccupations à l'égard des finances et des ressources;

(e) les évaluations d'après mission.

16.5 Que la *Loi sur la défense nationale* soit modifiée pour exiger un examen quinquennal de la loi par le Parlement.

16.6 Que les Ordonnances et règlements royaux soient modifiés de façon à instaurer un processus spécial et plus efficace de révision des carrières militaires dans les cas d'intimidation et de harcèlement liés au déploiement en Somalie et aux travaux de notre Commission.

16.7 Que ces conseils spéciaux de révision des carrières soient des comités entièrement indépendants et impartiaux comptant, dans l'intérêt de la transparence et de l'objectivité du processus, des représentants de l'extérieur des forces armées, dont des juges et d'autres membres respectés de la collectivité.

16.8 Que les décisions de ces conseils spéciaux de révision des carrières soient soumises à un comité spécial de la Chambre des communes ou du Sénat ou à un juge de la Cour fédérale.

16.9 Qu'un mécanisme de recours soit prévu au cas où l'on découvrirait qu'il y a eu effectivement des représailles et que l'avancement professionnel en a souffert.

16.10 Que, chaque année au cours des cinq prochaines années, un rapport sur l'avancement professionnel de toutes les personnes qui ont témoigné devant la Commission ou qui ont autrement contribué à l'enquête soit soumis par le chef d'état-major de la Défense à un comité spécial de la Chambre des communes ou du Sénat.

16.11 Que soit établie et que relève du poste d'inspecteur général que l'on propose de créer une procédure visant spécifiquement à protéger les soldats qui, à l'avenir, signaleront des méfaits à leurs supérieurs.

16.12 Que l'article 19 des Ordonnances et règlements royaux et d'autres lignes directrices et directives officielles soient modifiés de façon à témoigner d'une certaine ouverture et d'une certaine réceptivité à l'égard des critiques légitimes et des opinions divergentes afin que les militaires puissent le plus possible s'exprimer librement, en autant que l'ordre, la discipline et la sécurité nationale sont assurés.

Chapitre 17 – La chaîne de commandement

Nous recommandons :

17.1 Que le chef d'état-major de la Défense :
    (a) confirme dans la doctrine et dans les ordres que la chaîne de commandement est le seul mécanisme de transmission des ordres et des instructions aux Forces canadiennes;
    (b) confirme dans la doctrine et dans les ordres que les officiers d'état-major ne font jamais partie de la chaîne de commandement et n'ont aucunement le pouvoir de donner des ordres, sauf au nom de leurs commandants respectifs;
    (c) améliore, dans le cas d'une opération donnée, les mécanismes servant à examiner, à confirmer et à faire connaître officiellement la chaîne de commandement.

17.2 Que le chef d'état-major de la Défense s'assure que les réseaux spécialisés, tels que les réseaux d'avocats, de médecins ou d'ingénieurs, ne perturbent pas la chaîne de commandement entre les commandants.

17.3 Que le chef d'état-major de la Défense établisse des notions et des principes généraux pour le commandement des contingents des Forces canadiennes affectés à des opérations internationales. Ces notions et principes devraient ensuite faire partie de la formation des militaires et servir à formuler des ordres particuliers à l'intention des commandants de missions spécifiques.

17.4 Que, dans l'intérêt de la clarté et pour remédier aux lacunes des pratiques actuelles, le chef d'état-major de la Défense s'assure que tous les commandants des contingents des Forces armées canadiennes affectés à des opérations internationales reçoivent des ordres d'opérations concernant la chaîne de commandement :
    (a) au sein du contingent;

(b) entre le contingent des Forces canadiennes et les commandants alliés;

(c) entre le contingent déployé et le chef d'état-major de la Défense ou les commandants subordonnés.

17.5 Que le chef d'état-major de la Défense effectue régulièrement des exercices nationaux d'entraînement pour vérifier et évaluer la chaîne de commandement des Forces canadiennes dans des théâtres d'opérations probables ou prévus.

Chapitre 18 – La discipline militaire

Nous recommandons :

18.1 Que le chef d'état-major de la Défense institue une politique officielle de présélection des aspirants à tous les postes de commandement, à commencer par la sélection des caporaux-chefs :
(a) en faisant de la discipline personnelle une condition nécessaire pour les postes d'officiers aussi bien que de sous-officiers;
(b) en prévoyant l'évaluation de l'aspirant en matière de discipline personnelle, dont la capacité de contrôler son agressivité et son impulsivité.

18.2 Que le chef d'état-major de la Défense veille à ce que tous les programmes de formation au commandement pour les officiers, notamment les cours dispensés au Collège militaire royal et dans les collèges d'état-major et de commandement ainsi que les cours destinés aux commandants supérieurs, comportent un enseignement sur l'importance, la fonction et l'application de la discipline.

18.3 Que le chef d'état-major de la Défense modifie le processus d'appréciation du rendement de manière que la discipline personnelle soit évaluée dans le formulaire de rapport annuel d'appréciation du rendement de chaque militaire ainsi que la façon dont il a fait respecter la discipline dans l'exercice de son autorité.

18.4 Que le chef d'état-major de la Défense confère au chef du personnel des Forces canadiennes (à l'heure actuelle, le sous-ministre adjoint (Personnel)) la responsabilité de la coordination en matière de discipline au niveau de l'état-major supérieur du Quartier général de la Défense nationale, tout en pouvant compter sur les avis et le soutien du directeur général des services juridiques militaires et du directeur de la police militaire. À cette fin, le chef du personnel devrait établir et réviser la politique en matière de discipline, suivre de près tous les plans et les programmes des Forces canadiennes pour veiller à ce que l'on tienne compte de la discipline et en évaluer l'incidence sur les plans, les programmes, les activités et les opérations au moment de leur élaboration, puis au fur et à mesure de leur mise en œuvre.

18.5 Que le chef d'état-major de la Défense fasse valoir l'importance de la discipline en examinant les rapports fréquents et réguliers de l'inspecteur général, en priant le chef du personnel de faire rapport au moins tous les mois à la réunion quotidienne de la direction sur l'état de la discipline partout dans les Forces canadiennes, tant dans la chaîne de commandement qu'à l'extérieur, et en supervisant personnellement tout suivi nécessaire.

18.6 Que le chef d'état-major de la Défense confirme dans la doctrine et dans la pratique que la discipline est un facteur déterminant pour l'évaluation de l'état de préparation opérationnelle d'une unité ou d'une formation.

18.7 Que le chef d'état-major de la Défense confirme dans la doctrine et dans la pratique que, durant les opérations, tous les officiers et les sous-officiers doivent surveiller la discipline de très près; que le chef du personnel surveille la discipline et fasse rapport à ce sujet à la fin de chaque mission.

18.8 Pour remédier aux lacunes dans les pratiques existantes, que le chef d'état-major de la Défense procède régulièrement à une évaluation officielle des politiques, procédures et pratiques qui guident et déterminent l'application de la discipline dans les Forces canadiennes.

Chapitre 20 – Sélection et présélection du personnel

Nous recommandons :

20.1 Que le chef d'état-major de la Défense impose le respect des principes suivants dans le système de promotion et de nomination au sein des Forces canadiennes :

(a) le mérite doit être un facteur prépondérant dans toutes les décisions en matière de promotion;

(b) les besoins opérationnels du service doivent toujours l'emporter sur les considérations de carrière individuelle et sur les préférences administratives.

20.2 Pour remédier aux lacunes des pratiques existantes et pour éviter qu'on minimise ou qu'on dissimule les problèmes personnels, que le chef d'état-major de la Défense modifie le système de rapport d'appréciation du rendement pour faire en sorte qu'on fasse une honnête appréciation des membres des Forces canadiennes et qu'on note la mauvaise conduite ou le mauvais rendement de l'individu aux fins de consultation éventuelle par les supérieurs (que le cas ait donné lieu ou non à une mesure disciplinaire ou administrative).

20.3 Que le futur inspecteur général examine périodiquement les nominations aux principaux postes de commandement au sein des Forces canadiennes pour s'assurer qu'on a appliqué les critères appropriés et que ces nominations sont le résultat d'un processus aussi compétitif que possible.

20.4 Que le chef d'état-major de la Défense veille à ce que l'on fasse de la bonne discipline un critère explicite pour toute décision en matière de promotion et de nomination.

20.5 Que le chef d'état-major de la Défense élabore, pour la nomination aux principaux postes de commandement, y compris les commandements d'unité et de sous-unité, des critères officiels auxquels personne ne pourra déroger sans son approbation officielle.

20.6 Que désormais, pour toute unité composite des armes de combat (comme le Régiment aéroporté du Canada), le chef d'état-major de la Défense fasse en sorte :

    (a) que des critères officiels de sélection des membres de l'unité soient établis;

    (b) que le commandant ait la plus grande latitude possible pour choisir les membres de cette unité;

    (c) que le commandant ait la plus grande latitude possible pour employer les membres du personnel qu'il juge nécessaires.

20.7 Que les *Ordonnances administratives des Forces canadiennes* 20-50 et 20-46, qui ont trait à la présélection des membres des Forces canadiennes en vue d'un déploiement à l'étranger, soient modifiées de manière à :

    (a) donner la priorité à la discipline comme critère de sélection des militaires qui seront déployés à l'étranger;

    (b) exiger la prise en considération des indicateurs d'aptitude sur le plan du comportement;

    (c) bien faire comprendre que, même si les indicateurs d'aptitude sur le plan du comportement énumérés dans l'OAFC 20-50, comme la possibilité de faire évaluer des cas par de spécialistes du comportement, peuvent aider les commandants à présélectionner le personnel à déployer à l'étranger, la responsabilité des commandants à l'égard de la présélection du personnel sous leurs ordres ne s'en trouve ni écartée ni réduite.

20.8 Que le chef d'état-major de la Défense élabore et communique aux commandants, à tous les niveaux, des lignes directrices claires et exhaustives touchant les comportements racistes et extrémistes interdits. Ces lignes directrices devraient définir, à l'aide d'exemples, les comportements et symboles racistes et fournir la liste et la description des groupes extrémistes auxquels les membres des Forces canadiennes ne peuvent ni appartenir ni donner leur appui.

20.9 Que les Forces canadiennes continuent de surveiller l'affiliation de militaires canadiens à des groupes racistes.

20.10 Que le ministère de la Défense nationale et les Forces canadiennes précisent leur position quant à la portée des obligations que leur imposent les lois sur la protection de la vie privée et sur les droits de la personne en matière de présélection de candidats et de membres des Forces canadiennes sur le plan du comportement, y compris les sympathies à l'égard de groupes racistes.

20.11 Que le ministère de la Défense nationale et le Gouvernement du Canada examinent leurs politiques et leurs pratiques en matière de sécurité pour veiller à ce que, sous réserve des lois sur la protection de la vie privée et sur les droits de la personne, l'information pertinente concernant la participation de membres des Forces canadiennes ou de candidats à la vie militaire dans des organisations racistes et des groupes haineux soit dûment communiquée à tous les organismes responsables, notamment à la chaîne de commandement.

20.12 Que le ministère de la Défense nationale et les Forces canadiennes communiquent régulièrement avec des groupes antiracistes afin d'obtenir de l'aide en vue de dispenser une formation appropriée en matière de sensibilisation aux autres cultures et pour aider les superviseurs et les commandants à reconnaître les signes de racisme et d'appartenance à des groupes haineux.

Chapitre 21 – L'instruction militaire

Nous recommandons :

21.1 Que la formation des Forces canadiennes soit repensée de manière à englober un entraînement non traditionnel (appelé formation générale en maintien de la paix), conçu spécialement pour répondre aux besoins des opérations de paix et dispensé parallèlement à la formation polyvalente de combat, afin de préparer le personnel des Forces canadiennes aux missions et tâches opérationnelles de tous les types.

21.2 Que la formation générale en maintien de la paix devienne partie intégrante de l'instruction de l'ensemble des Forces canadiennes, au niveau individuel (formation de base, professionnelle et au commandement) et collectif, et que les fonds, les ressources humaines et le temps nécessaires y soient alloués.

21.3 Que le chef d'état-major de la Défense commande une étude pour déterminer la meilleure façon d'intégrer l'ensemble des connaissances, compétences, attitudes et valeurs nécessaires aux opérations de paix à toutes les étapes de la formation individuelle et collective des officiers et des militaires du rang.

21.4 Que les Forces canadiennes reconnaissent, dans la doctrine et dans la pratique, que les opérations de paix nécessitent une préparation et un conditionnement mental différents de ceux qu'exige la guerre traditionnelle, et que les membres des Forces canadiennes doivent, très tôt et de façon continue, recevoir une formation leur inculquant les valeurs, les attitudes et l'orientation nécessaires à l'exécution de toutes les missions opérationnelles, y compris les opérations de paix.

21.5 Que le chef d'état-major de la Défense voie à ce que l'élaboration des politiques et programmes de formation militaire générale en vue des opérations de paix s'inspire plus largement de diverses sources, notamment les lignes directrices et les politiques élaborées par les Nations Unies et les États membres en matière de formation au maintien de la paix ainsi que la formation dispensée par les forces policières et les organismes d'aide internationale.

21.6 Que le chef d'état-major de la Défense ordonne que les mandats de tous les programmes et établissements d'enseignement et d'instruction des Forces canadiennes soient examinés en vue de préciser et d'officialiser les objectifs de la formation visant les opérations de paix.

21.7 Que, compte tenu des mesures prises à ce jour relativement à l'établissement d'un centre de formation en vue des opérations de paix et à la création des Centres des leçons retenues, le chef d'état-major de la Défense fasse le nécessaire pour assurer la coordination des fonctions suivantes et pour veiller à ce que des ressources suffisantes leur soient allouées :

(a) l'évolution continue de la doctrine en matière de planification, d'organisation, de conduite et d'évaluation de la formation en vue des opérations de paix;

(b) l'élaboration de normes de formation complètes et détaillées et de programmes de formation normalisés pour toutes les composantes de la formation en vue des opérations de paix;

(c) la distribution en temps opportun d'une documentation à jour sur la doctrine et la formation à tous les membres du personnel chargés de planifier et de dispenser la formation en vue des opérations de paix et à toutes les unités ayant été averties de leur participation à une mission de paix;

(d) l'élaboration et la diffusion au moment opportun de renseignements et de documentation propres à chaque mission à utiliser dans le cadre de l'entraînement préalable au déploiement;

(e) la compilation et l'analyse systématiques des leçons retenues et, dans cette optique, la mise à jour de la documentation sur la doctrine et l'entraînement;

(f) le contrôle et l'évaluation systématiques de la formation pour vérifier si elle respecte bien la doctrine et les normes établies;

(g) la prestation de l'aide spécialisée nécessaire aux unités durant les préparatifs en vue du déploiement.

21.8 Que le chef d'état-major de la Défense supervise l'acquisition, au sein des Forces armées, de compétences spécialisées en formation dans les domaines du droit des conflits armés et des règles d'engagement, des relations entre les cultures et les groupes, de la négociation et du règlement des différends; qu'il veille à la formation continue de tous les membres des Forces canadiennes à cet égard.

21.9 Que le chef d'état-major de la Défense veille à ce que le temps et les ressources dont une unité a besoin durant son entraînement pour atteindre un niveau donné de capacité opérationnelle fassent l'objet d'une évaluation avant d'engager l'unité en vue d'une opération de paix.

21.10 Que le chef d'état-major de la Défense prévoie, dans le processus de planification, une période réglementaire minimale d'entraînement préalable au déploiement. Dans les cas exceptionnels où il faudrait procéder au déploiement après une période d'entraînement écourtée, les officiers supérieurs responsables devraient effectuer une analyse des risques et la présenter au chef d'état-major de la Défense. En outre, pour pallier la réduction du temps d'entraînement, le personnel responsable devrait élaborer un plan comportant une supervision accrue des activités préalables au déploiement, une période d'adaptation plus longue et un entraînement supplémentaire dans le théâtre des opérations.

21.11 Que le chef d'état-major de la Défense confirme, dans la doctrine et dans la politique, qu'une formation suffisante et adéquate constitue un aspect fondamental de l'état de préparation opérationnelle.

21.12 Que, contrairement au déploiement en Somalie, où on a mis l'accent sur la formation polyvalente de combat, le chef d'état-major de la Défense confirme, dans la doctrine et dans la politique, que la période préalable au déploiement, depuis l'ordre d'avertissement jusqu'au déploiement, devrait être consacrée principalement à la formation propre à la mission.

21.13 Que le chef d'état-major de la Défense confirme, dans la doctrine et dans la politique, que pour faciliter une formation préalable au déploiement qui réponde aux besoins propres à la mission, les unités qui se préparent à des opérations de paix doivent recevoir, au moment opportun :
(a) un énoncé de mission et de tâches clair;
(b) des renseignements à jour et précis permettant de prévoir les conditions qui prévaudront probablement dans le théâtre des opérations;
(c) des règles d'engagement et des Instructions permanentes d'opération propres à la mission;
(d) des véhicules et du matériel en quantité suffisante et en bon état de fonctionnement, pour répondre aux besoins de l'entraînement.

21.14 Que le chef d'état-major de la Défense établisse des mécanismes permettant de s'assurer que tous les membres des unités qui se préparent au déploiement en vue d'une mission de paix reçoivent une formation suffisante et adéquate concernant la culture, l'histoire et la situation politique du théâtre des opérations, suivent un cours de recyclage concernant la négociation et le règlement des différends et le droit des conflits armés et, au besoin, reçoivent une formation linguistique de base.

21.15 Que le chef d'état-major de la Défense prévoie, dans la doctrine et dans la politique, qu'aucune unité ne puisse être déclarée en état de préparation opérationnelle si tous ses membres n'ont pas reçu une formation suffisante et adéquate concernant les règles d'engagement propres à la mission et si aucune mesure n'a été prise pour s'assurer que les règles d'engagement sont pleinement comprises.

21.16 Que le chef d'état-major de la Défense veille à ce que les normes et programmes d'instruction exigent que la formation concernant le droit des conflits armés, les règles d'engagement, les relations interculturelles, la négociation et la résolution des conflits soit fondée sur des scénarios et intégrée aux exercices de formation, en plus de la formation ou des briefings en classe, de manière à mettre en pratique les compétences acquises et à disposer d'un mécanisme permettant de s'assurer que les directives ont été bien comprises.

21.17 Que le chef d'état-major de la Défense prévoie dans la doctrine et dans la politique qu'un plan de formation dans le théâtre des opérations soit établi pour toute unité déployée dans le cadre d'une opération de paix. Le plan devrait comporter un recyclage et une formation de rattrapage continus dans les domaines où des lacunes ont été constatées avant le déploiement, et être modifié selon les besoins, de manière à permettre de répondre aux conditions nouvelles ou imprévues dans le théâtre.

21.18 Que la doctrine des Forces canadiennes reconnaisse que la supervision personnelle de l'entraînement par tous les commandants, y compris les plus haut gradés, est une responsabilité incontournable et l'expression essentielle d'un bon leadership. La doctrine des Forces canadiennes devrait également reconnaître que, outre les opérations, l'entraînement est la meilleure façon pour les commandants d'évaluer l'attitude des troupes et de mesurer l'état de préparation d'une unité. L'entraînement offre également aux commandants une chance unique de faire comprendre à leurs troupes, par leur présence même, la qualité du travail qu'ils attendent d'elles et leur engagement personnel dans la mission prochaine.

Chapitre 22 – Les règles d'engagement

Nous recommandons :

22.1 Que le chef d'état-major de la Défense crée un cadre général d'élaboration des règles d'engagement en vue d'établir les politiques et protocoles régissant ces règles.

22.2 Que le chef d'état-major de la Défense élabore et promulgue des règles d'engagement générales inspirées du droit international et du droit national, dont le droit des conflits armés, la politique étrangère nationale et des facteurs opérationnels.

22.3 Que le chef d'état-major de la Défense établisse et mette en œuvre des politiques régissant l'élaboration opportune de règles d'engagement pour chaque mission et s'assure qu'un mécanisme de vérification des règles d'engagement est intégré au processus consistant à déclarer une unité opérationnellement prête à être déployée.

22.4 Que le chef d'état-major de la Défense veille à ce que les Forces canadiennes tiennent une banque de données sur les règles d'engagement d'autres pays et les règles d'engagement et comptes rendus des missions canadiennes précédentes, dans le but de concevoir et d'évaluer de futures règles d'engagement.

22.5 Que le chef d'état-major de la Défense élabore des normes permettant de dispenser, avant la mission et dans le théâtre des opérations, une formation relative aux règles d'engagement fondée sur des scénarios et sur le contexte, et qu'une formation supplémentaire soit prévue en cas de mauvaise compréhension ou de confusion au sujet des règles d'engagement.

22.6 Que le chef d'état-major de la Défense élabore et mette en place un système de surveillance de la transmission, de l'interprétation et de l'application des règles d'engagement, afin de s'assurer que le personnel de tous grades les comprend, qu'il élabore un mécanisme d'ajustement permettant d'apporter des changements rapides, et que ces changements fassent l'objet de supervision afin d'en assurer la conformité aux attentes du chef d'état-major de la Défense.

22.7 Que le chef d'état-major de la Défense s'assure que la diffusion de toute modification des règles d'engagement est suivie d'une formation additionnelle.

Chapitre 23 – L'état de préparation opérationnelle

Nous recommandons :

23.1 Que le chef d'état-major de la Défense veille à ce que les normes d'évaluation des membres, des unités et des éléments des Forces canadiennes, en vue de l'exécution de tâches opérationnelles, prévoient l'évaluation de deux critères essentiels, soit l'efficacité opérationnelle et la préparation opérationnelle, et à ce que ces critères soient satisfaits avant qu'une unité soit déclarée opérationnellement prête à prendre part à une mission.

23.2 Que, pour éviter toute confusion entre l'état de préparation en vue d'une utilisation et l'état de préparation en vue d'un déploiement dans le cadre une mission particulière, le chef d'état-major de la Défense adopte les définitions suivantes et en assure la conformité à l'échelle des Forces canadiennes : l'efficacité opérationnelle désigne la capacité d'une force de s'acquitter de la mission qui lui a été confiée; la préparation opérationnelle désigne la mesure dans laquelle une unité est prête à entreprendre cette mission. Par conséquent, l'état de préparation opérationnelle d'une unité ou d'un élément doit donc se définir comme étant la combinaison de son efficacité et de sa préparation opérationnelles.

23.3 Contrairement à ce qui s'est passé dans le cas de la mission en Somalie, avant qu'une unité ou un élément de taille considérable des Forces canadiennes ne soit déployé en service actif ou dans des opérations à l'étranger, que le chef d'état-major de la Défense veille à ce qu'une déclaration officielle soit faite au gouvernement concernant l'état de préparation de cette unité à entreprendre la mission de manière efficace.

23.4 Que le chef d'état-major de la Défense établisse un effectif relevant de lui pour effectuer des tests et des évaluations sans préavis de l'efficacité et de la préparation opérationnelles de certains commandements, unités et sous-unités des Forces canadiennes.

23.5 Que le chef d'état-major de la Défense exige que les ordres opérationnels nationaux et de commandement donnés aux unités des Forces canadiennes en service actif ou affectées à des opérations à l'étranger précisent clairement quelles normes et quels niveaux d'efficacité et de préparation opérationnelles sont exigés des membres, des sous-unités, des unités et des commandants.

23.6 Que le chef d'état-major de la Défense normalise la présentation, les informations et les directives concernant les déclarations d'état de préparation opérationnelle et exige que ces déclarations soient signées par les commandants.

23.7 Que le chef d'état-major de la Défense établisse un système clair, pratique et uniforme en vue de mesurer l'efficacité et la préparation opérationnelles des membres, des sous-unités, des unités et des commandants des unités et des formations des Forces canadiennes.

23.8 Que le chef d'état-major de la Défense remplace le système d'évaluation de l'état de préparation opérationnelle par un processus plus fiable et plus efficient visant à recueillir des informations sur l'efficacité et la préparation opérationnelles des principales unités des Forces canadiennes à l'égard des missions opérationnelles qui leur sont confiées.

23.9 Que le nouveau système de compte rendu sur l'état de préparation opérationnelle puisse donner au chef d'état-major de la Défense, aux commandants supérieurs et aux officiers d'état-major une idée réelle de l'efficacité et de la préparation des principales unités des Forces canadiennes à l'égard des tâches qui leur sont attribuées.

23.10 Que le nouveau système de compte rendu sur l'état de préparation opérationnelle permette de déterminer le degré d'efficacité et de préparation des unités opérationnelles, par exemple élevé, moyen ou faible, et leur état de préparation, par exemple prêtes en tant que force en attente ou prêtes à être déployées.

Chapitre 24 – La mission du Canada en Somalie

Nous recommandons :

24.1   Que le gouvernement du Canada émette de nouvelles lignes directrices et des critères obligatoires applicables à toute décision de participer ou non à une opération de paix.

24.2   Que le gouvernement du Canada définisse clairement les rôles et les responsabilités respectifs du ministère des Affaires étrangères et du Commerce international et du ministère de la Défense nationale dans le processus décisionnel relatif aux opérations de paix.

24.3   Que, pour ce qui est des séances d'information et des avis donnés au gouvernement du Canada au sujet de la participation à une opération de paix, le gouvernement du Canada exige un énoncé complet de la mesure dans laquelle les lignes directrices et les critères relatifs aux opérations de paix s'appliquent à l'opération proposée.

24.4   Que le chef d'état-major de la Défense établisse une doctrine des Forces canadiennes régissant la planification et la conduite des opérations de paix, ainsi que la participation à celles-ci.

24.5   Que le gouvernement du Canada établisse un organe consultatif ou un secrétariat permanent chargé de coordonner l'élaboration des politiques et la prise de décisions relatives aux opérations de paix.

24.6   Que le gouvernement du Canada adopte une politique établissant les conditions suivantes à la participation du Canada à des opérations de paix des Nations Unies :
   (a) réalisation d'une analyse de mission détaillée par le chef d'état-major de la Défense chaque fois que le Canada est invité à participer à une opération de paix;
   (b) inclusion des éléments suivants dans l'analyse de mission : détermination des effectifs, configuration des unités, ressources nécessaires, armes et autres capacités.

24.7 Que le gouvernement du Canada, dans le cadre de sa politique étrangère et de défense, insiste sur la nécessité d'une réforme au sein des Nations Unies, en particulier dans les domaines suivants :

(a) élaboration d'un processus faisant en sorte que les mandats des opérations des Nations Unies, adoptés par le Conseil de sécurité des Nations Unies, soient clairs et réalisables et permettent d'atteindre les objectifs de la mission;

(b) élaboration d'un processus visant à préciser la structure de planification actuelle des Nations Unies afin d'améliorer la coordination des opérations de paix grâce à l'élaboration ordonnée de concepts d'opérations et grâce à la planification stratégique.

Chapitre 25 – Le système de planification militaire

Nous recommandons :

25.1 Que, pour corriger les problèmes de planification mis en évidence par la mission en Somalie, le chef d'état-major de la Défense renforce l'importance de la procédure de combat (processus qu'utilisent les commandants pour la sélection, les ordres d'avertissement, l'organisation et le déploiement des troupes en vue des missions) en tant que fondement approprié de la planification opérationnelle à tous les échelons des Forces canadiennes, et que l'on insiste sur l'importance de la planification systématique fondée sur la procédure de combat dans les cours de formation du personnel.

25.2 Que, contrairement à l'expérience récente, le chef d'état-major de la Défense énonce les principes régissant la planification, le commandement et la conduite des opérations par les Forces canadiennes pour chaque opération internationale, lorsque ces principes diffèrent des principes nationaux de planification, de commandement et de conduite des opérations.

25.3 Que le chef d'état-major de la Défense veille à ce que tous les types de commandement, tels que le commandement national, le commandement intégral et le commandement opérationnel, soient définis selon les normes et les critères des forces armées canadiennes.

25.4 Que, pour chaque opération à l'étranger, le chef d'état-major de la Défense émette des ordres et un mandat clairs et concrets pour orienter les commandants des unités et des éléments des Forces canadiennes déployés. Ces ordres et mandats doivent traiter notamment des points suivants : l'énoncé de la mission, les modalités d'emploi, les relations de commandement et les relations de soutien.

25.5 Que le chef d'état-major de la Défense établisse clairement les fonctions et les responsabilités du sous-chef d'état-major de la Défense et, plus particulièrement, qu'il indique exactement les cas où ce dernier fait ou non partie de la chaîne de commandement.

25.6 Que, compte tenu de l'expérience de la Somalie, le chef d'état-major de la Défense exerce le pouvoir que lui confère la *Loi sur la défense nationale* de mieux « contrôler et administrer » les Forces canadiennes, en prenant les mesures voulues pour avoir à sa disposition un effectif adéquat lui permettant de s'acquitter de ses fonctions.

25.7 Que le chef d'état-major de la Défense donne des ordres précis aux commandants déployés dans des opérations et qu'il établisse des exigences non équivoques relativement à la soumission de rapports et aux voies hiérarchiques à suivre de manière à ce que les lois et les normes canadiennes soient respectées.

25.8 Que le chef d'état-major de la Défense veille à ce que tous les plans prévoyant l'utilisation des Forces canadiennes fassent l'objet d'évaluations opérationnelles à tous les niveaux avant le déploiement opérationnel.

25.9 Que le chef d'état-major de la Défense établisse des instructions permanentes d'opération concernant :
  (a) la planification, l'évaluation et le déploiement des Forces canadiennes dans le cadre d'opérations nationales ou internationales;
  (b) la conduite des opérations par les Forces canadiennes à l'occasion d'opérations nationales ou internationales.

25.10 Que le chef d'état-major de la Défense établisse les principes, les critères et les politiques régissant la sélection, l'emploi et le mandat des commandants nommés à la tête d'unités ou d'éléments des Forces canadiennes dans le cadre d'opérations nationales ou internationales.

25.11 Que le chef d'état-major de la Défense effectue des exercices de formation et d'évaluation pour préparer et mettre à l'essai les procédures d'état-major, la doctrine, la planification ainsi que les officiers d'état-major au Quartier général de la Défense nationale et au sein de la chaîne de commandement.

25.12 Que le chef d'état-major établisse un système uniforme d'enregistrement des décisions prises par les officiers supérieurs durant toutes les étapes de la planification des opérations. Ces registres devraient comprendre un résumé des mesures et des décisions prises par les officiers, lesquels seront désignés par leur grade et leur poste. Les registres devraient également contenir les documents importants concernant l'historique de l'opération, notamment les estimations, les rapports de reconnaissance, les discussions importantes, les ordres et les rapports de décès et d'incident.

25.13 Que le chef d'état-major de la Défense ou son commandant désigné précise et clarifie les buts et objectifs de la mission avant de commencer à évaluer les forces nécessaires.

25.14 Que le chef d'état-major de la Défense fonde l'évaluation des effectifs requis pour une mission donnée sur la capacité des Forces canadiennes de répondre aux exigences de l'opération, capacité déterminée après réalisation d'une analyse de la mission et avant qu'ait été faite la recommandation de s'engager à déployer des militaires canadiens.

25.15 Que le chef d'état-major de la Défense mette au point une procédure officielle de réévaluation des besoins en effectifs une fois l'unité ou l'élément des Forces canadiennes déployé dans le théâtre des opérations.

25.16 Que, pour corriger les lacunes dans les pratiques existantes et avant de s'engager à affecter des troupes à une opération internationale, les commandants :
(a) établissent clairement la mission militaire ainsi que les tâches nécessaires pour la mener à bien;

(b) reviennent à la pratique d'évaluer les effectifs militaires nécessaires avant de déterminer l'organisation et la composition des forces à déployer dans le théâtre des opérations;

(c) soient tenus d'effectuer une reconnaissance détaillée de la zone prévue de déploiement;

(d) reconnaissent que, pour déployer une force appropriée, équilibrée et durable, il faut évaluer les besoins avec soin avant de s'engager à fournir des troupes et d'imposer un plafonnement d'effectifs.

25.17 Que le chef d'état-major de la Défense élabore une doctrine exposant le processus de collecte de renseignements pour toutes les opérations de paix, qui soit distincte de la doctrine applicable à la collecte des renseignements de combat. Cette doctrine devrait comprendre :

(a) un énoncé confirmant l'objet et les principes de la collecte de renseignements pour toutes les opérations de paix, depuis le maintien de la paix traditionnel à l'imposition de la paix. Au besoin, il faudrait distinguer entre l'étape stratégique, l'étape de la prise de décisions et l'étape de la planification opérationnelle;

(b) un énoncé confirmant les sources d'information appropriées pour la collecte des renseignements;

(c) une section énonçant l'utilisation envisagée des renseignements dans les opérations de paix, tant à l'étape de la prise de décisions qu'à celle de la planification opérationnelle;

(d) une section exposant le processus de planification des renseignements aux diverses étapes de la planification et établissant ce qui doit être fait et par qui, y compris les procédures requises pour élaborer un plan de collecte de renseignements pour la mission ou prévoir un soutien en matière de renseignement pour l'entraînement des troupes;

(e) une section décrivant le processus de diffusion à toutes les étapes, y compris le mode de diffusion et le personnel concerné.

25.18 Que le gouvernement du Canada exhorte les Nations Unies à élargir leur division de planification du maintien de la paix de façon que le Secrétariat comprenne un service du renseignement qui serait chargé de coordonner les renseignements requis pour les opérations de paix, notamment en tenant à jour une base de données sur les régions instables, à laquelle auraient accès les pays fournisseurs de troupes.

25.19 Que le chef d'état-major de la Défense s'assure que la doctrine de planification comprend une méthodologie d'évaluation permettant de déterminer le nombre de spécialistes du renseignement et d'employés de soutien (interprètes) requis pour l'opération. Selon la doctrine en vigueur, il faut s'assurer que le groupe précurseur comprend des spécialistes du renseignement.

25.20 Que le chef d'état-major de la Défense élabore des lignes directrices et des procédures pour faire en sorte que les programmes de formation culturelle bénéficient d'un soutien approprié de la part du personnel du renseignement en fournissant à ce dernier des ressources adéquates et appropriées bien avant l'opération.

25.21 Que le chef d'état-major de la Défense s'assure que le personnel du renseignement dispose de ressources suffisantes et de lignes directrices adéquates afin d'encourager l'autonomie dans le domaine de la planification du renseignement et de décourager une dépendance excessive vis-à-vis d'autres sources de renseignements.

25.22 Que le chef d'état-major de la Défense examine l'organisation et le processus de planification du renseignement afin d'optimiser les communications et l'efficience en matière de collecte et de diffusion des renseignements.

25.23 Que, pour corriger les lacunes dans les pratiques existantes, le chef d'état-major de la Défense s'assure que la planification logistique est finalisée seulement après mise au point du concept de la mission, évaluation de la taille et de la composition du contingent canadien, et reconnaissance détaillée de la zone d'opérations.

25.24 Que le chef d'état-major de la Défense fournisse des lignes directrices stipulant qu'il faut prendre le temps d'évaluer tout changement survenu dans les zones d'opérations. Ces lignes directrices doivent préciser que ce sont les considérations d'ordre militaire qui l'emportent dans la décision de changer l'emplacement proposé pour la mission une fois le matériel emballé et la planification logistique terminée pour l'emplacement original.

25.25 Que, lorsqu'un changement de mission est envisagé, le chef d'état-major de la Défense s'assure que de nouveaux plans logistiques de contingence sont mis au point avant le début de la nouvelle mission.

25.26 Que le chef d'état-major de la Défense s'assure qu'un élément de soutien national (c'est-à-dire une unité de soutien logistique intégrée) se joint au contingent déployé en tant qu'unité distincte au début de chaque mission.

Chapitre 39 – Divulgation de documents et transparence

Nous recommandons :

39.1 Que le ministère de la Défense nationale s'assure que les registres du Centre des opérations de la Défense nationale sont bien tenus, en prenant les mesures suivantes :
   (a) une procédure de vérification pour s'assurer que les instructions permanentes d'opération fournissent des lignes directrices claires et suffisantes sur le genre d'informations à consigner et sur la façon de les consigner;
   (b) un système adéquat de bases de données, qui comprend des contrôles logiciels visant à assurer l'exactitude des données entrées dans chaque zone ainsi qu'une formation appropriée pour les opérateurs et les utilisateurs du système;
   (c) un degré de sécurité des systèmes relevé à un niveau acceptable, compatible avec l'objectif de la sécurité nationale, en restreignant l'accès aux personnes autorisées avec leurs propres comptes et mots de passe, et en élargissant l'utilisation des zones sécurisées (cachées) de façon à identifier les personnes qui entrent ou suppriment des données.

39.2 Que le ministère de la Défense nationale et les Forces canadiennes prennent des mesures pour s'assurer qu'un registre adéquat des opérations dans le théâtre des opérations est créé et préservé :
   (a) en améliorant les systèmes et les procédures pour que les comptes rendus des événements soient plus complets et gardés plus longtemps, y compris le rapport quotidien sur les activités,

même s'il n'y a rien à signaler, de façon à ne pas donner l'impression qu'il n'y a jamais eu de rapports ou que ceux-ci ont été supprimés;

(b) en faisant prendre conscience aux soldats de l'importance des registres et des journaux, ainsi que de leur obligation de suivre les procédures appropriées pour ce qui est de la création, de la tenue et de la protection des registres;

(c) en améliorant les procédures applicables à la supervision de la tenue des registres dans le théâtre des opérations afin d'assurer la conformité aux procédures établies;

(d) en améliorant l'intégration des systèmes protégés de collecte et de stockage des données afin d'assurer l'intégrité des dossiers créés;

(e) en s'assurant que les banques de données sont suffisantes et comprennent des renseignements exacts sur les tâches individuelles; les dates de début et de clôture de chaque registre et journal, et l'emplacement des dossiers.

39.3 Que le ministère de la Défense nationale prenne les mesures suivantes pour promouvoir l'ouverture et la transparence :

(a) exiger que le sous-ministre de la Défense nationale et le chef d'état-major de la Défense :

(i) fassent comprendre, en donnant l'exemple et en promulguant des directives en ce sens, l'importance de faire preuve d'ouverture dans le traitement des demandes présentées en vertu de la *Loi sur l'accès à l'information*;

(ii) s'assurent que le personnel militaire et civil du ministère de la Défense nationale soit mieux préparé à répondre aux demandes présentées en vertu de la *Loi sur l'accès à l'information*, particulièrement en ce qui concerne les obligations et les procédures juridiques;

(iii) s'assurent que le personnel comprend bien l'obligation de signaler, en tant qu'incident d'importance aux termes du règlement existant, tout soupçon qu'un document a été modifié ou qu'on n'a pas répondu de façon appropriée à une demande présentée en vertu de la *Loi sur l'accès à l'information*;

(b) entamer des consultations avec le Commissaire à l'information dans les trois mois suivant la présentation du présent rapport au gouverneur en conseil, afin de déterminer la façon la plus efficace d'améliorer les réponses du Ministère aux demandes présentées en vertu de la *Loi sur l'accès à l'information*;

(c) s'assurer que la politique et les pratiques dans le domaine des affaires publiques reflètent les principes d'ouverture, de réceptivité, de transparence et de responsabilité préconisés dans l'ensemble du présent rapport.

Chapitre 40 – La justice militaire

Nous recommandons :

40.1 Que la *Loi sur la défense nationale* soit modifiée de manière à permettre la restructuration du régime de justice militaire et l'établissement de trois catégories d'inconduite :

(a) Manquement mineur à la discipline : toute faute que l'on ne considère pas suffisamment importante pour justifier la détention, le renvoi ou l'emprisonnement devrait être classée dans la catégorie des manquements mineurs à la discipline. On peut, en guise d'exemples, mentionner le fait de ne pas saluer un autre membre des Forces canadiennes ou de se quereller avec lui. La catégorie des manquements mineurs à la discipline ne comprendrait pas les infractions militaires actuellement énumérées à l'article 108.31(2) des *Ordonnances et règlements royaux applicables aux Forces canadiennes* (ORFC);

(b) Manquement grave à la discipline : toute faute jugée suffisamment grave pour justifier éventuellement la détention, le renvoi ou l'emprisonnement devrait être considérée comme étant un manquement grave à la discipline. Appartiendraient à cette catégorie les manquements similaires à ceux qui sont énumérés à l'article 108.31(2) des ORFC. Mentionnons, par exemple, une sentinelle qui se trouverait en état d'ébriété en temps de guerre, l'insubordination et la lâcheté devant l'ennemi. Les manquements graves à la discipline ne comprendraient pas les délits relevant du *Code criminel* ou d'autres lois fédérales;

(c) Inconduite de nature criminelle : toute inconduite constituant un crime et devant faire l'objet d'une accusation en vertu du *Code criminel* ou de toute autre loi fédérale.

40.2 Afin de prévenir un abus du pouvoir discrétionnaire du commandant au niveau de la classification des manquements à la loi ou à la discipline, que la *Loi sur la défense nationale* et la réglementation afférente renferment des mesures formelles de protection, notamment la possibilité d'enquêtes militaires indépendantes sur le manquement, le pouvoir d'un procureur militaire indépendant de porter une accusation d'inconduite de nature criminelle découlant du même incident et une surveillance par un inspecteur général indépendant.

40.3 Que la *Loi sur la défense nationale* soit modifiée de manière à disposer clairement que tout membre des Forces canadiennes ou tout civil peut porter plainte auprès de la police militaire sans crainte de représailles et sans devoir d'abord soumettre la plainte à la chaîne de commandement.

40.4 Que les *Ordonnances et règlements royaux* soient modifiés pour circonscrire le pouvoir discrétionnaire d'un commandant quant à la manière de mener des enquêtes sommaires afin de garantir que ces enquêtes soient effectuées conformément aux directives figurant dans l'*Ordonnance administrative des Forces canadiennes* 21-9, qui traite des instructions générales relatives aux commissions d'enquête et aux enquêtes sommaires.

40.5 Que les lignes directrices énoncées dans l'*Ordonnance administrative des Forces canadiennes* 21-9 soient modifiées de manière à disposer :
(a) que les enquêtes sommaires soient limitées à l'examen de manquements mineurs à la discipline ou de questions administratives;
(b) que les personnes effectuant des enquêtes sommaires aient reçu une certaine formation en matière d'enquêtes, de règles de la preuve et de détection d'une éventuelle activité criminelle;

(c) qu'il incombe expressément aux personnes effectuant des enquêtes sommaires de rapporter directement à la police militaire les cas de nature potentiellement criminelle;

(d) que les personnes menant des enquêtes sommaires soient exemptes de tout conflit d'intérêts.

40.6 Que la police militaire soit indépendante de la chaîne de commandement lorsqu'elle fait enquête sur des manquements graves à la discipline et sur des cas d'inconduite de nature criminelle.

40.7 Qu'on donne à la police militaire une formation plus approfondie en ce qui concerne les techniques d'enquête policière.

40.8 Que tous les membres de la police militaire, indépendamment de leur mission particulière, soient autorisés à enquêter de leur propre chef sur les cas soupçonnés d'inconduite, à moins qu'une autre enquête de la police militaire ne soit en cours.

40.9 Que le contrôle de la conduite des enquêtes de la police militaire sur des manquements graves à la discipline et sur des cas d'inconduite de nature criminelle soit soustrait à l'éventuelle influence du commandant ou de ses supérieurs. Les membres de la police militaire affectés à des unités ou à des éléments des Forces canadiennes devraient soumettre les manquements graves à la discipline et les cas d'inconduite de nature criminelle au directeur de la police militaire par les voies de communication réservées à la police militaire.

40.10 Que le directeur de la police militaire surveille toutes les enquêtes menées par celle-ci sur les manquements graves à la discipline et sur les cas d'inconduite de nature criminelle et fasse rapport à ce sujet au Solliciteur général du Canada.

40.11 Que le directeur de la police militaire soit responsable et comptable devant le chef d'état-major de la Défense de toutes les activités de la police militaire, à l'exception des enquêtes sur des manquements graves à la discipline ou sur des cas d'inconduite de nature criminelle.

40.12 Que les commandants aient le pouvoir de demander à la police militaire de faire enquête sur toute affaire d'inconduite, sans toutefois avoir le pouvoir de contrôler la méthode d'enquête ou de limiter les ressources dont dispose la police militaire pour effectuer son enquête.

40.13 Que le directeur de la police militaire et que tous les policiers militaires relevant de lui soient régis par un système de classement hiérarchique différent de celui des Forces canadiennes, de sorte que les policiers militaires ne soient ni perçus ni traités comme des subordonnés des personnes faisant l'objet de leur enquête.

40.14 Qu'on élabore des normes professionnelles et des codes de déontologie à l'intention de la police militaire.

40.15 Que, pour donner effet à ces nouveaux arrangements, on accorde à la police militaire les ressources et la formation requises pour lui permettre de s'acquitter de ses tâches.

40.16 Qu'un nombre suffisant de policiers militaires ayant reçu une formation appropriée accompagne les Forces canadiennes déployées.

40.17 Que, de manière générale, les résultats des enquêtes sur toutes les catégories d'inconduite — manquements mineurs ou graves à la discipline, ou inconduite de nature criminelle — soient portés à l'attention du commandant de l'unité ou de l'élément auquel appartient le membre des Forces canadiennes en cause.

40.18 Que les résultats des enquêtes sur les manquements graves à la discipline ou sur des cas d'inconduite de nature criminelle soient communiqués à un procureur indépendant sous la direction du directeur général des Services juridiques militaires.

40.19 Qu'on retire au commandant le contrôle de la décision de porter des accusations pour des manquements graves à la discipline ou pour une inconduite de nature criminelle, et qu'on attribue ce contrôle à un procureur indépendant.

40.20 Que le commandant ait le droit de porter des accusations pour un manquement mineur à la discipline.

40.21 Qu'un procureur indépendant décide de l'opportunité de porter ou non des accusations pour un manquement grave à la discipline ou d'une inconduite de nature criminelle, et qu'il lui incombe de porter les accusations le cas échéant.

40.22 Que le procureur puisse en toute indépendance décider de porter ou non des accusations et d'engager des poursuites. Toutefois, il y aurait lieu d'élaborer des lignes directrices qui l'aideraient à exercer son pouvoir discrétionnaire.

40.23 Que les membres de la police militaire jouent le rôle de conseillers auprès du procureur indépendant, mais qu'ils ne disposent pas eux-mêmes du pouvoir de porter des accusations.

40.24 Que les commandants n'aient pas le pouvoir d'annuler les accusations portées par le procureur militaire indépendant.

40.25 Que le procureur militaire indépendant dispose du pouvoir de porter des accusations pour un manquement mineur à la discipline lorsqu'il juge utile de poursuivre en même temps de multiples actes d'inconduite, y compris des manquements mineurs à la discipline.

40.26 Qu'un accusé ait droit à un avocat lorsqu'il fait l'objet de poursuites pour manquement grave à la discipline ou pour inconduite de nature criminelle.

40.27 Que la norme de preuve à un procès intenté pour manquement grave à la discipline ou pour inconduite de nature criminelle soit celle de la preuve hors de tout doute raisonnable.

40.28 Qu'il n'existe pas de droit à un avocat dans le cas de manquements mineurs à la discipline, étant donné qu'il n'y a pas de risque de détention, de renvoi ou d'incarcération, mais que le droit à un avocat soit accordé à la discrétion du commandant.

40.29 Que la norme de preuve à un procès intenté pour manquement mineur à la discipline soit celle d'une preuve établie en fonction de la prépondérance des probabilités. Un accusé peut être tenu de témoigner à un procès portant sur un manquement mineur à la discipline.

40.30 Que les personnes accusées d'inconduite qui sont passibles d'au moins cinq ans de réclusion aient le droit de choisir un procès devant jury par un tribunal civil.

40.31 Que les peines comme les solutions de rechange à l'amende, le service communautaire et les condamnations avec sursis qui existent maintenant dans le processus criminel civil puissent être imposées dans le processus disciplinaire militaire dans le cas de manquements mineurs ou graves à la discipline.

40.32 Qu'on établisse des règles en bonne et due forme permettant d'interjeter appel des jugements de procès sommaires portant sur des manquements mineurs à la discipline par voie de règlement de griefs.

40.33 Que tous les membres des Forces canadiennes reconnus coupables à l'issue de procès sommaires reçoivent un avis indiquant qu'ils peuvent faire appel en présentant une demande de règlement de griefs.

40.34 Qu'on modifie les *Ordonnances et règlements royaux* de façon à ce que le ministre de la Défense nationale n'ait aucun rôle d'arbitre à jouer dans le règlement de griefs.

40.35 Qu'on modifie la *Loi sur la défense nationale* afin de
   (a) remplacer le cabinet du juge-avocat général par deux institutions indépendantes :
      (i) le Bureau du juge militaire en chef, qui prendrait en charge les fonctions judiciaires qu'accomplit actuellement le juge-avocat général;
      (ii) la Direction des services juridiques militaires, qui assumerait les fonctions de poursuite, de défense et de prestation d'avis juridiques qu'accomplissent actuellement les avocats militaires du juge-avocat général;

(b) préciser que la Direction des services juridiques militaires comprend trois volets : une Direction des poursuites, une Direction des services consultatifs et une Direction de la défense juridique;

(c) disposer que le responsable de la Direction des services juridiques militaires porte le titre de directeur général des Services juridiques militaires et relève du ministre de la Défense nationale;

(d) déclarer que les juges instruisant des cas de manquement grave à la discipline ou d'inconduite de nature criminelle sont totalement indépendants de la chaîne de commandement militaire.

40.36 Qu'on modifie la *Loi sur la défense nationale* afin de constituer un Bureau de l'inspecteur général, ce dernier exerçant les fonctions suivantes liées à la justice militaire :

(a) inspection : les inspections mettraient l'accent sur les problèmes systémiques qui se posent au sein du régime de justice militaire;

(b) enquêtes : l'inspecteur général recevrait les plaintes au sujet des inconduites commises par des officiers et des injustices dont seraient victimes des membres des Forces canadiennes, et il ferait enquête à ce propos. Parmi les inconduites commises par des officiers qui pourraient faire l'objet d'une enquête de la part de l'inspecteur général, mentionnons les suivantes :

   (i) abus de pouvoir ou de fonction (par exemple, non-exécution d'une enquête, absence de mesures correctrices, ou utilisation illégale de l'influence conférée par un poste de commande);

   (ii) prise de mesures inconvenantes à l'égard du personnel (par exemple, traitement inégal des membres des Forces canadiennes, harcèlement, y compris le harcèlement en raison de la race, impossibilité de bénéficier d'une application régulière de la loi, représailles).

(c) assistance : l'inspecteur général aurait notamment pour fonction de corriger les injustices faites à des particuliers ou d'aider à y remédier.

40.37 Que l'inspecteur général dispose du pouvoir de vérifier tous les documents pertinents, de tenir les entretiens nécessaires, de réviser les procédures relatives à des manquements mineurs à la discipline et les processus administratifs, et de faire des recommandations découlant de ses enquêtes.

40.38 Que toute personne, qu'il s'agisse d'un membre des Forces canadiennes ou d'un civil, soit autorisée à porter plainte directement auprès de l'inspecteur général.

40.39 Que, dans la mesure où on peut publier les ordonnances et règlements contenus dans les ORFC et les OAFC sans compromettre des intérêts prépondérants, comme la sécurité nationale, on les publie dans la *Gazette du Canada*.

40.40 Qu'un nombre suffisant d'avocats militaires soient déployés au sein des unités pour qu'ils puissent s'acquitter de leurs fonctions respectives — poursuites, défense, prestation de conseils — sans être en conflit d'intérêts.

40.41 Que les avocats militaires reçoivent une formation plus poussée en droit international, dont le droit des conflits armés.

40.42 Que des avocats militaires dispensant des services consultatifs soient déployés à l'occasion des missions d'entraînement ainsi que dans le cadre d'opérations réelles.

40.43 Que les avocats militaires dispensant des services juridiques donnent des avis aux commandants et aux troupes à propos des questions d'ordre juridique touchant tous les aspects des opérations, y compris les règles d'engagement, le droit des conflits armés, les *Ordonnances d'organisation des Forces canadiennes* et les Décrets ministériels d'organisation.

40.44 Que les avocats militaires dispensant des services consultatifs informent les membres des Forces canadiennes, avant et pendant le déploiement, au sujet des lois locales, du droit des conflits armés et des règles d'engagement.

40.45 Qu'on constitue une section d'avocats militaires spécialisés dans le droit des conflits armés au sein du cabinet du juge-avocat général, qu'on la dote en personnel dans les meilleurs délais et qu'on la réaffecte à la Direction des services juridiques militaires, une fois que cette dernière aura été mise sur pied.

Conclusion

Nous recommandons :

1. Que le ministre de la Défense nationale rende compte au Parlement, d'ici le 30 juin 1998, de toutes les mesures prises en vue de donner suite aux recommandations de la présente Commission d'enquête.

2. Que les transcriptions de nos délibérations, qui ont été explicitées et illustrées par les conclusions du présent rapport en matière de crédibilité, soient examinées en profondeur par les autorités pertinentes du ministère de la Défense nationale et des Forces canadiennes, afin qu'elle puissent prendre les mesures voulues et nécessaires à l'égard des témoins qui, par leurs actions ou leur attitude, ont violé ou terni :
   (a) leur serment ou leur affirmation solennelle;
   (b) leur devoir militaire d'aider la Commission d'enquête à rétablir les faits dans l'intérêt public;
   (c) la confiance des Canadiens envers eux;
   (d) leur brevet d'officier, qui exprime la confiance spéciale de Sa Majesté dans la loyauté, le courage et l'intégrité d'un officier canadien.

3. Que tous les membres des Forces canadiennes qui ont servi en Somalie, à l'exception des personnes qui ont fait l'objet de sanctions disciplinaires en raison d'actions liées au déploiement, reçoivent une médaille spéciale conçue et désignée à cette fin.

CONTENTS

—•—

EXECUTIVE SUMMARY

From its earliest moments the operation went awry. The soldiers, with some notable exceptions, did their best. But ill-prepared and rudderless, they fell inevitably into the mire that became the Somalia debacle. As a result, a proud legacy was dishonoured.

Systems broke down and organizational discipline crumbled. Such systemic or institutional faults cannot be divorced from leadership responsibility, and the leadership errors in the Somalia mission were manifold and fundamental: the systems in place were inadequate and deeply flawed; practices that fuelled rampant careerism and placed individual ambition ahead of the needs of the mission had become entrenched; the oversight and supervision of crucial areas of responsibility were deeply flawed and characterized by the most superficial of assessments; even when troubling events and disturbing accounts of indiscipline and thuggery were known, there was disturbing inaction or the actions that were taken exacerbated and deepened the problems; planning, training and overall preparations fell far short of what was required; subordinates were held to standards of accountability by which many of those above were not prepared to abide. Our soldiers searched, often in vain, for leadership and inspiration.

Many of the leaders called before us to discuss their roles in the various phases of the deployment refused to acknowledge error. When pressed, they blamed their subordinates who, in turn, cast responsibility upon those below them. They assumed this posture reluctantly — but there is no honour to be found here — only after their initial claims, that the root of many of the most serious problems resided with "a few bad apples", proved hollow.

We can only hope that Somalia represents the nadir of the fortunes of the Canadian Forces. There seems to be little room to slide lower. One thing is certain, however: left uncorrected, the problems that surfaced in the desert in Somalia and in the boardrooms at National Defence Headquarters will continue to spawn military ignomiry. The victim will be Canada and its international reputation.

The following is a summary of the final report of the Commission of Inquiry into the Deployment of Canadian Forces to Somalia. To the best of our ability, the report fulfils our obligation under various orders in council to investigate the chain of command system, the leadership, discipline, actions and decisions of the Canadian Forces, as well as the actions and decisions of the Department of National Defence, in respect of the Canadian Forces' participation in the United Nations peacekeeping mission in Somalia in 1992-93.

During the deployment of Canadian troops, events transpired in Somalia that impugned the reputations of individuals, Canada's military and, indeed, the nation itself. Those events, some of them by now well known to most Canadians, included the shooting of Somali intruders at the Canadian compound in Belet Huen, the beating death of a teenager in the custody of soldiers from 2 Commando of the Canadian Airborne Regiment (CAR), an apparent suicide attempt by one of these Canadian soldiers, and, after the mission, alleged episodes of withholding or altering key information. Videotapes of repugnant hazing activities involving members of the CAR also came to light. Some of these events, with the protestations of a concerned military surgeon acting as a catalyst, led the Government to call for this Inquiry. It is significant that a military board of inquiry investigating the same events was considered insufficient by the Government to meet Canadian standards of public accountability, in part because the board of inquiry was held *in camera* and with restricted terms of reference. A full and open public inquiry was consequently established.

The principal conclusion of this Inquiry is that the mission went badly wrong: systems broke down and organizational failure ensued. Our Inquiry canvassed a broad array of issues and events and a massive body of documentation and testimony to reach this unhappy conclusion. Even then, in two major respects, we encountered considerable difficulty in fulfilling our obligations.

First, the *Inquiries Act* provides the authority to subpoena witnesses, hear testimony, hire expert counsel and advisers, and assess evidence. Under normal circumstances, such powers should have given us the confidence to present our findings without qualification. However, on January 10, 1997, while Parliament was adjourned, the Minister of National Defence announced that Cabinet had decided that this Inquiry had gone on long enough, that all hearings must be cut off on or about March 31, 1997, and that a report with recommendations was required by June 30, 1997.

This was the response of the Government to our letter setting out reporting date options and requesting an extension until at least December 31, 1997, a period of time that would have allowed us to conclude our search for the

truth. That search had already involved, among other things, thousands of hours of preparation and cross-examination of the individuals who played various roles in the Somalia deployment — and as time progressed, the superior officers to whom they reported. As our investigation progressed, we were able to move closer to the key centres of responsibility as we moved up the chain of command. Unfortunately, the Minister's decision of January 10, 1997, eliminated any possibility of taking this course to its logical conclusion and prevented us from fully expanding the focus to senior officers throughout the chain of command who were responsible before, during and after the Somalia mission.

The unexpected decision to impose a sudden time constraint on an inquiry of this magnitude is without precedent in Canada. There is no question that it has compromised and limited our search for the truth. It will also inhibit and delay corrective action to the very system that allowed the events to occur in the first place.

Second, the careful search for truth can be a painstaking and, at times, frustrating experience. Public inquiries are equipped with the best tools that our legal system can provide for pursuing the truth, but even with access to significant procedural powers, answers may prove elusive.

Even in those areas where we were able to conduct hearings — on the pre-deployment phase of the mission and part of the in-theatre phase — we were too often frustrated by the performance of witnesses whose credibility must be questioned. The power to compel testimony was our principal mechanism for determining what transpired in Somalia and at National Defence Headquarters. Some 116 witnesses offered their evidence to the Inquiry in open sessions broadcast on television across Canada.

Giving testimony before a public inquiry is no trivial matter. It is a test of personal and moral integrity that demands the courage to face the facts and tell the truth. It also involves a readiness to be held to account and a willingness to accept blame for one's own wrongdoings. Many soldiers, non-commissioned officers, and officers showed this kind of integrity. They demonstrated courage and fidelity to duty, even when doing so meant acknowledging personal shortcoming or voicing unwelcome criticism of their institution. We are cognizant of institutional as well as peer pressure facing the witnesses who appeared before us. These soldier-witnesses deserve society's respect and gratitude for contributing in this way to the improvement of an institution they obviously cherish.

However, we must also record with regret that on many occasions the testimony of witnesses was characterized by inconsistency, improbability, implausibility, evasiveness, selective recollection, half-truths, and plain lies. Indeed, on some issues we encountered what can only be described as a wall of silence. When several witnesses behave in this manner, the wall of silence is evidently a strategy of calculated deception.

Perhaps more troubling is the fact that many of the witnesses who displayed these shortcomings were officers, non-commissioned officers, and senior civil servants — individuals sworn to respect and promote the values of leadership, courage, integrity, and accountability. For these individuals, undue loyalty to a regiment or to the institution of the military — or, even worse, naked self-interest — took precedence over honesty and integrity. By conducting themselves in this manner, these witnesses reneged on their duty to assist this Inquiry in its endeavours. In the case of officers, this conduct represents a breach of the undertakings set out in their commissioning scroll.

Evasion and deception, which in our view were apparent with many of the senior officers who testified before us, reveal much about the poor state of leadership in our armed forces and the careerist mentality that prevails at the Department of National Defence. These senior people come from an elite group in which our soldiers and Canadians generally are asked to place their trust and confidence.

We are well aware of recent reports submitted to the Minister of National Defence addressing issues of leadership and management in the Canadian Forces. Certainly, such studies and reports by informed specialists are valuable. But only a full and rigorous public examination of these issues, with the opportunity given to members of the military to provide information and respond to criticism, can lead to a thorough assessment of the scope and magnitude of these problems. Only an extensive and probing analysis of the people, events, and documentation involved can lead to focused and meaningful change.

This Commission of Inquiry was established for that very purpose. Its truncation leaves the Canadian public and the Canadian military with many questions still unanswered. In fact, the decision to end the Inquiry prematurely in itself raises new questions concerning responsibility and accountability.

Although we have raised concerns about the credibility of witnesses and leadership in the armed forces, it would be unfair to leave an impression that the mission to Somalia was a total failure. While we point out flaws in the system and shortfalls in leadership, we must and wish to acknowledge that many soldiers and commanders performed their duty with honour and integrity. Accordingly, we strongly support the issuance of appropriate medals to those who served so well during this troubled mission.

Moreover, we feel it is important in a report of this nature to acknowledge the invaluable contribution that the Canadian Forces have made, and continue to make, on Canada's behalf. Thousands of soldiers have performed difficult and often dangerous tasks on our behalf in pursuit of the nation's goals. Most often their dedication, selflessness and professionalism have been taken for granted, because these qualities have been assumed to be the norm. That

is what made the events involving Canadian Forces personnel in Somalia so unpalatable. It is the sharp contrast between those events and the accustomed performance of our military that elicited reactions of alarm, outrage, and sadness among Canadians. In the end, we are hopeful that our Inquiry will yield corrective measures to help restore the Canadian Forces to the position of honour they have held for so long.

INTRODUCTION

For a thorough discussion of the overall approach taken by the Inquiry, its terms of reference, proceedings, methodology, rules of procedure, rulings, and formal statements, we direct the reader to the Introduction to this report (Volume 1, Chapter 1).

Terms of Reference

The scope of any public inquiry is determined by its terms of reference. Ours were detailed and complex and were divided into two parts. The first contained a broad opening paragraph charging us to inquire into and report generally on the chain of command system, leadership, discipline, operations, actions, and decisions of the Canadian Forces, and on the actions and decisions of the Department of National Defence in respect of the Somalia operation. The terms of reference stated clearly that our investigation was not limited in scope to the details and issues set forth in paragraphs that followed.

The second part of the terms of reference required us to look at specific matters relating to the pre-deployment, in-theatre, and post-theatre phases of the Somalia operation. Specific pre-deployment issues (before January 10, 1993) included the suitability of, and state of discipline within, the Canadian Airborne Regiment; and the operational readiness of the Canadian Airborne Regiment Battle Group prior to deployment for its missions and tasks. In-theatre issues (January 10, 1993 to June 10, 1993) included the suitability and composition of Canadian Joint Force Somalia (CJFS) for its mission and tasks; the extent, if any, to which cultural differences affected the conduct of operations; the attitude of rank levels toward the lawful conduct of operations; and the manner in which the CJFS conducted its mission and tasks and responded to the operational, disciplinary, and administrative problems encountered in-theatre, including allegations of cover-up and destruction of evidence. Post-deployment issues (June 11, 1993 to November 28, 1994) were to address the manner in which the chain

of command of the Canadian Forces responded to the operational, disciplinary, and administrative problems arising from the deployment.

These Terms of Reference obliged us to determine whether structural and organizational deficiencies lay behind the controversial incidents involving Canadian soldiers in Somalia. The Inquiry was not intended to be a trial, although our hearings did include an examination of the institutional causes of, and responses to, incidents that had previously resulted in the charge and trial of individuals. The Inquiry's primary focus was on institutional and systemic issues relating to the organization and management of the Canadian Forces and the Department of National Defence, rather than on the individuals employed by these institutions. However, this focus inevitably required us to examine the actions of individuals in the chain of command and the manner in which they exercised leadership.

Our mandate, so described, required us to consider several fundamental institutional issues. How is accountability defined, determined, and exercised within the chain of command of the Canadian Forces? Were the reporting procedures adequate and properly followed to enable both an effective flow of information within the chain of command and the taking of appropriate corrective measures whenever required? Did actions taken and decisions made in relation to the Somalia operation reflect effective leadership or failures in leadership? To determine this, we intended to examine the decisions and conduct not only of officers and non-commissioned members of the Canadian Forces, but also of top civilian staff within National Defence Headquarters (for example, the Deputy Minister of National Defence). In fact, we were able to cover the vast majority of issues assigned to us under the terms of reference. However, due to the Government's decision to terminate the Inquiry, we were unable to reach the upper echelons with respect to the alleged issue of cover-up and the extent of their involvement in the post-deployment phase.

We were obliged to consider whether the correct criteria were applied to determine whether Canada should have committed troops to Somalia in the first place, and whether the mission and tasks of the Canadian Forces and the rules of engagement governing their conduct in theatre were adequately defined, communicated, and understood. It was also necessary, given the disciplinary and organizational problems that became apparent within the Canadian Airborne Regiment at relevant times, to assess the extent to which senior military leaders advised or should have advised the Minister of National Defence, through the chain of command, as to the true state of readiness of the CAR to participate in the mission.

We had also intended to address the scope of the responsibility and duty of the Deputy Minister of National Defence to keep the Minister of Defence informed of significant events or incidents occurring in theatre, and the

extent to which these responsibilities and duties were carried out. Further, we had intended to examine in detail the duties and responsibilities of the political and civilian leadership at the ministerial level, including the scope of the duties and responsibilities of the Minister of National Defence at the time of the in-theatre activities, the Hon. Kim Campbell, and whether the Minister was kept accurately informed of problems occurring during the Somalia operation. In examining this broad issue, we had determined the importance of considering the nature and scope of the duties and responsibilities of ministerial staff to keep the Minister appropriately informed, as well as the duty and responsibility of the Deputy Minister to organize the department to ensure that information appropriate and necessary to its proper functioning was conveyed and received.

In short, we interpreted our mandate broadly, yet reasonably, given the nature of our task, and limited our Inquiry to those issues set forth in the terms of reference, which in themselves were broadly defined. We would not examine issues that appeared to us to fall outside the scope of our mandate.

Sources of Information

The information relied upon for this report came to us from a variety of sources. Of major importance was the production of relevant documents by the Department of National Defence (DND), the Department of Foreign Affairs and International Trade (formerly the Department of External Affairs) and the Privy Council Office. At the Department of National Defence, a Somalia Inquiry Liaison Team (SILT) was created to collect and convey documentation and other forms of information ordered by the Inquiry. As it turned out, we eventually received over 150,000 documents from various government departments, all of which were painstakingly categorized by the Inquiry's staff according to relevance and issue.

Recognizing that the reconstruction of what happened in Somalia would require full disclosure by DND and other government departments of all relevant material, we issued an order on April 21, 1995, for the production of all such documents. Initial estimates from SILT were that some 7,000 documents were likely involved and subject to disclosure. SILT representatives made a convincing case that great efficiencies could be achieved by computer-scanning all such material and making it available in electronic form. What happened after we agreed to this procedure was unexpected and was merely the first chapter in a saga of failure discussed more fully in Chapter 39 of this report.

Document disclosure remained incomplete throughout the life of the Inquiry. It took the form of a slow trickle of information rather than an

efficient handing over of material. Key documents were missing, altered, and even destroyed. Some came to our attention only by happenstance, such as when they were uncovered by a third-party access to information request. Some key documents were disclosed officially only after their existence was confirmed before the Inquiry by others. Representatives from SILT were reminded continuously of the slow pace and incomplete nature of disclosure. Following numerous meetings on the document transmittal process and private meetings with SILT officials at which we expressed frustration with the process, there were still few results. Finally, faced with altered Somalia-related documents, missing and destroyed field logs, and a missing National Defence Operations Centre computer hard drive, we were compelled to embark on a series of hearings devoted entirely to the issue of disclosure of documents by DND and the Canadian Forces through DND's Directorate General of Public Affairs, as well as to the issue of compliance with our orders for the production of documents.

A considerable number of the many documents made available to the Inquiry, and other supplementary documentation, were filed as exhibits. These included, among many others, the report of the internal military board of inquiry, comprising 11 volumes of documentation, and the response of the Chief of the Defence Staff to the board's recommendations; the transcripts of the courts martial of those prosecuted as a result of alleged misconduct in Somalia; Canadian and other military manuals and policy documents; and literature on the Canadian military and United Nations peacekeeping and peacemaking missions.

The analysis in this report is based essentially on the extensive testimony and submissions made by all parties at the Inquiry's hearings, the documents and other material entered as exhibits at the hearings, authoritative articles and books, material collected from symposia and from specialists on relevant topics, papers written and other information provided by consultants to the Inquiry, and original research and analysis conducted by our own research staff.

Organization of the Report

In addition to this executive summary, there are five volumes to this report.

Volume 1 introduces the general approach taken by the Inquiry, followed by discussion of the major themes and principles stemming from our terms of reference that guided our approach. These major themes appear throughout the report and form an integral part of our analysis and recommendations. This volume also contains a number of background chapters describing things as they were at the time of the Somalia mission. Their purpose is to give the reader a basic familiarity with the nature and organization of

the military in Canada, as well as with the military, legal, and cultural factors that shaped Canada's participation in the Somalia mission during 1992-93. The volume concludes with a narrative account of what actually happened before, during, and after Canada's involvement in Somalia. As well as describing events and actions, it points to where we suspect systemic problems exist.

Volumes 2, 3, 4, and 5 contain the essential distillation of the Inquiry's labours. There, we analyze the events described in the preceding narrative to reach our conclusions and recommendations. For each of the main themes identified earlier, we describe the standards and norms (what should have been expected) to identify the variances detected (the concerns flagged in Chapters 12, 13 and 14 in Volume 1) in order to draw findings from our analysis. Recommendations follow the findings. (They also appear collectively at the end of the report as well as in this executive summary.)

Volume 2 addresses the major themes of leadership, accountability, and the chain of command and examines the critical issues of discipline, the suitability of the unit selected for the deployment, selection and screening of personnel, training, the rules of engagement for the mission and overall operational readiness.

Volume 3 is devoted to a case study of the mission planning process for the Somalia deployment. **Volume 4** contains our findings concerning individual misconduct on the part of officers of the Canadian Forces who received section 13 notices for the pre-deployment period of the mission and the failure to comply with our orders for disclosure of Somalia-related documents. **Volume 5** contains additional findings on several important topics, including a thorough analysis of the incident of March 4, 1993 and its aftermath, the disclosure of documents, and a detailed assessment of the military justice system, with recommendations for extensive change. In the same volume, we discuss the implications of the government decision to truncate the Inquiry and what could have been accomplished with sufficient time to complete the assigned mandate. Volume 5 also contains a concluding section, a summary of our recommendations and the appendices to the report.

The remainder of this executive summary presents the highlights of each section of the report, followed by our recommendations.

MAJOR THEMES

Chapter 2 introduces the major themes that are central to our terms of reference. They establish a benchmark from which to judge the deviation apparent in the subsequent narrative account of what actually transpired in the desert of Somalia and across the boardroom tables of National Defence Headquarters. These themes are as follows:

- leadership
- accountability
- chain of command
- discipline
- mission planning
- suitability
- training
- rules of engagement
- operational readiness
- cover-up
- disclosure of information
- military justice

A thorough reading of this chapter permits a deeper grasp of the themes that flow from our terms of reference. Each theme is then treated separately and extensively in our report. Primary among these themes are leadership and accountability, because they have a direct bearing on all the other themes, and because they are fundamental to the proper functioning of the military in a free and democratic society.

THE SOMALIA MISSION IN CONTEXT

In order to appreciate what occurred before, during and after the deployment, an understanding of several contextual matters pertaining to Canada's military is necessary.

Accordingly, Chapter 3 examines the structure and organization of the Canadian Forces and the Department of National Defence at the time of the Somalia mission; Chapter 4 describes the importance of the chain of command in the Canadian military; Chapter 5 presents a discussion on military culture and ethics; Chapter 6 explores civil-military relations in Canada; Chapter 7 introduces the military justice system at the time of the Somalia deployment; Chapter 8 describes the personnel system within the CF; Chapter 9 presents a history of the Canadian Airborne Regiment; Chapter 10 outlines the evolution of international peacekeeping and Canada's role in it; and Chapter 11 describes the historical development of Somalia and the situation that gave rise to Canada's involvement there.

THE STORY: WHAT HAPPENED BEFORE, DURING, AND AFTER SOMALIA

Chapters 12 to 14 provide a narrative account of the Somalia mission — it begins with the deteriorating situation in Somalia in 1992 and ends with the Government's decision to curtail the proceedings of the Inquiry in January 1997. Based on the testimony and documentation available to us, it provides as complete and balanced an account as possible of what actually happened as the basis for a full analysis of the issues we were charged specifically to investigate.

The narrative is divided into the three phases specified in our terms of reference, encompassing pre-deployment, in-theatre and post-deployment events. Accordingly, Chapter 12 (Pre-Deployment) recounts the initial decision to become involved in the United Nations Operation in Somalia (UNOSOM), the preparations and mission planning that took place, and the factors involved in the declaration of the CAR's operational readiness. Chapter 13 (In-Theatre) provides an account of the events in Somalia from the first arrival of Canadian troops, the early stages of their operations, the incidents of March 4th and 16th, their alleged cover-up, and the return of the Canadian Airborne Regiment Battle Group to Canada. Chapter 14 (Post-Deployment) summarizes the subsequent courts martial, the de Faye board of inquiry, the creation of the Somalia Working Group within DND, and the events that occurred during the Inquiry, culminating in the decision by the Minister of National Defence to curtail the proceedings of the Inquiry.

INTRODUCTION TO FINDINGS

Volumes 2, 3, 4, and 5 contain the essential distillation of the Inquiry's efforts and form the largest portion of this summary as a result. In them we analyze deviations from the benchmark principles and themes established in Chapter 2. Our themes are interwoven in terms of both their theoretical treatment and the on-the-ground realities to which they refer. Foremost among them are leadership and accountability, which to a great extent underlie all the others. We have gone to great lengths to research, study, and set forth our understanding of how these twin pillars uphold the functioning of the military in a free and democratic society.

LEADERSHIP

The purpose of our discussion of leadership is to establish a standard for assessing the performance of Canadian Forces leaders in the Somalia mission.

Effective leadership is unquestionably essential in a military context. According to one Canadian Forces manual, "Leadership is the primary reason for the existence of all officers of the Canadian Forces." Without strong leadership, the concerted effort that characterizes a properly functioning armed force is unlikely to take shape, and the force's individual members are unlikely to achieve the unity of purpose that is essential to success in military operations. Strong leadership is associated with high levels of cohesion and the development of unity of purpose. Leadership is important at all levels of the Canadian Forces, applying equally to commissioned and non-commissioned officers.

However, leadership is also a complex and value-laden concept, and its definition is somewhat dependent on context. It includes not merely the authority, but also the ability to lead others. Commanders will not be leaders if they do little to influence and inspire their subordinates. The commander, in effect, becomes a leader only when the leader is accepted as such by subordinates. Leadership requires much more than management skills or legal authority. The leader is the individual who motivates others. As one American commentator on military leadership has stated:

> Mere occupancy of an office or position from which leadership behavior is expected does not automatically make the occupant a true leader. Such appointments can result in headship but not necessarily in leadership. While appointive positions of high status and authority are related to leadership they are not the same thing.

A 1995 DND survey of attitudes of military and civilian employees revealed dissatisfaction with the state of leadership within DND. Survey respondents believed that leaders in the Department were too concerned about building their empires and "following their personal agenda", and that DND was too bureaucratic. The survey noted that "[e]mployees, both military and civilian, are losing or have lost confidence in the Department's leadership and management." The former Chief of the Defence Staff, Gen Jean Boyle, stated publicly in 1996 that the rank and file had justifiable concerns about the quality of high command. More recently, LGen Baril, Commander Land Force Command, declared:

> The Army has a significant leadership deficiency.... Unfashionable as some of these old basic values may seem to some, it is the kind of leadership that produced the mutual trust that bonded our Army in combat. That trust between the leader and the soldier is what distinguishes outstanding units from ineffective ones.

Since there is a range of opinion on the precise nature of military leadership, we decided to identify the core qualities that are essential. We also sought to identify other necessary attributes of leadership as well as factors that would indicate successful leadership performance. In doing so we examined Canadian military documents and testimony before the Inquiry, and consulted the relevant literature for the views of senior military leaders as well as other experts in the field. In reviewing these sources, we were struck by their concordance in establishing the central qualities necessary to good leadership in the military:

Leadership Qualities, Attributes, and Performance Factors

The Core Qualities of Military Leadership	Other Necessary Attributes	Indicative Performance Factors
Integrity	Dedication	Sets the example
Courage	Knowledge	Disciplines subordinates
Loyalty	Intellect	Accepts responsibility
Selflessness	Perseverance	Stands by own convictions
Self-discipline	Decisiveness	Analyzes problems and situations
	Judgement	Makes decisions
	Physical robustness	Delegates and directs
		Supervises (checks and rechecks)
		Accounts for actions
		Performs under stress
		Ensures the well-being of subordinates

These are the qualities we considered important in assessing leadership related to the Somalia mission.

ACCOUNTABILITY

Accountability is a principal mechanism for ensuring conformity to standards of action. In a free and democratic society, those exercising substantial power and discretionary authority must be answerable for all activities assigned or entrusted to them — in essence, for all activities for which they are responsible.

In a properly functioning system or organization, there should be accountability for one's actions, regardless of whether those actions are properly executed and lead to a successful result, or are improperly carried out and produce injurious consequences. An accountable official cannot shelter behind the actions of a subordinate, and an accountable official is always answerable to superiors.

No matter how an organization is structured, those at the apex of the organization are accountable for the actions and decisions of those within the chain of authority subordinate to them. Within a properly linked chain of authority, accountability does not become attenuated the further one is removed from the source of activity. When a subordinate fails, that failure is shouldered by all who are responsible and exercise requisite authority — subordinate, superior, and superior to the superior. Accountability in its most pervasive and all-encompassing sense inevitably resides with the chief executive officer of the organization or institution.

The term 'responsibility' is not synonymous with accountability. One who is authorized to act or who exercises authority is 'responsible'. However, responsible officials are also held to account. An individual who exercises power while acting in the discharge of official functions is responsible for the proper exercise of the power or duties assigned. A person exercising supervisory authority is responsible, and hence accountable, for the manner in which that authority has been exercised.

A person who delegates authority is also responsible, and hence accountable, not for the form of direct supervision that a supervisor is expected to exercise but, rather, for control over the delegate and, ultimately, for the actual acts performed by the delegate. The act of delegation to another does not relieve the responsible official of the duty to account. While one can delegate the authority to act, one cannot thereby delegate one's assigned responsibility in relation to the proper performance of such acts.

Where a superior delegates the authority to act to a subordinate, the superior remains responsible: first, for the acts performed by the delegate; second, for the appropriateness of the choice of delegate; third, with regard to the propriety of the delegation; and, finally, for the control of the acts of the subordinate.

Even if the superior official is successful in demonstrating appropriate, prudent, diligent personal behaviour, the superior remains responsible for the errors and misdeeds of the subordinate. However, in such circumstances, when assessing the appropriate response to the actions of the superior whose subordinate or delegate has erred or has been guilty of misconduct, the authorities may be justified in selecting a penalty or sanction of lower order or no penalty or sanction whatsoever.

It is the responsibility of those who exercise supervisory authority, or who have delegated the authority to act to others, to know what is transpiring within the area of their assigned authority. Even if subordinates whose duty it is to inform their superior of all relevant facts, circumstances, and developments fail to fulfil their obligations, this cannot absolve their superior of responsibility for what has transpired.

Where a superior contends that he or she was never informed, or lacked requisite knowledge with regard to facts or circumstances affecting the proper discharge of organizational responsibilities, it will be relevant to understand what processes and methods were in place to ensure the adequate provision of information. Also, it will be of interest to assess to what extent the information in question was notorious or commonly held and whether the result that occurred could reasonably have been expected or foreseen. Moreover, how the managerial official responded on first discovering the shortfall in information will often be of import.

To this point we have concentrated on defining terms and establishing guiding principles. We now move to a consideration and analysis of the more practical issues at hand that raise accountability concerns.

The Inquiry found, first of all, that the standards discussed above have not been well guarded recently in the Canadian military. The hierarchy of authority in National Defence Headquarters (NDHQ), and especially among the Chief of the Defence Staff (CDS), the Deputy Minister (DM), and the Judge Advocate General, has become blurred and distorted. Authority in the Canadian Forces is not well defined by leaders, nor is it clearly obvious in organization or in the actions and decisions of military leaders in the chain of command. Moreover, we found that governments have not carefully exercised their duty to oversee the armed forces and the Department of National Defence in such a way as to ensure that both function under the strict control of Parliament.

The most significant of the deficiencies we noted that bear on accountability are as follows:

1. Official reporting and record-keeping requirements, policies, and practices throughout DND and the Canadian Forces are inconsistent, sometimes ineffective, and open to abuse. We have seen that, in some cases (for example, Daily Executive Meetings records and minutes), as publicity regarding Somalia matters increased, records were deliberately obscured or not kept at all, in order to avoid later examination of views expressed and decisions made.

2. In Chapter 39, describing the document disclosure phase of our hearings, we demonstrate the existence of an unacceptable hostility toward the goals and requirements of access to information legislation, an integral aspect of public accountability. There appears to be more concern at higher levels to manage the agenda and control the flow of information than to confront and deal forthrightly with problems and issues.

3. The specific duties and responsibilities inherent in many ranks, positions, and functions within NDHQ are poorly defined and understood. Further, the relationship between officers and officials in NDHQ and commanders of commands as well as officers commanding operational formations in Canada and overseas is, at best, ambiguous and uncertain.

4. The nature and extent of the duties and responsibilities of superiors to monitor and supervise are unclear, poorly understood, or subject to unacceptable personal discretion. Justification for failure to monitor and supervise seems to be limited to the assertion that the superior trusted the person assigned the task to carry it out properly.

5. The current mechanisms of internal audit and program review, which are the responsibilities of the Chief of Review Services (CRS), are shrouded in secrecy. Reports issued need not be publicized, and their fate can be determined at the discretion of the Chief of the Defence Staff or the Deputy Minister to whom the CRS reports. The CDS or the DM, as the case may be, retains unfettered discretion as to follow-up and as to whether there is to be outside scrutiny of a report. The CRS has no authority to initiate investigations. No mechanism exists for follow-up or independent assessment of CRS reports or suggestions for change.

6. A disturbing situation seems to exist with respect to after-action reports and internally commissioned studies. These reports and studies can serve an accountability purpose once produced, provided they are

considered seriously and their recommendations are properly monitored and followed up. While requirements to produce evaluations and after-action reports are clear in most cases, no rigorous and routine mechanism exists for effective consideration and follow-up. We have numerous examples of the same problems being identified repeatedly and nothing being done about them and of recommendations addressing and suggesting remedies for problems being ignored. Their fate seems to be determined by the absolute discretion of officials in the upper echelons, who can, and often do, reject suggestions for change without discussion, explanation, or the possibility of review or outside assessment.

7. Mechanisms for parliamentary oversight of the Department of National Defence and military activities are ineffective. A 1994 examination by a joint committee of the Senate and the House of Commons was unanimous in support of the view that there is a need to strengthen the role of Parliament in defence matters. We do not envision Parliament playing an extraordinary supervisory role with regard to military conduct, but clearly, it can and should do more. Parliament is particularly effective in promoting accountability when it receives, examines and publicizes reports from bodies with a responsibility to report to Parliament (as would be the case, for example, with the responsibilities that we propose entrusting to an inspector general).

8. We identify numerous deficiencies in the operation of more indirect accountability mechanisms, such as courts martial and summary trials, Military Police investigations and reports and the charging process, personnel evaluations, mechanisms for instilling and enforcing discipline and investigating and remedying disciplinary problems and lapses, training evaluations, declarations of operational readiness, and so on. These are the subject of close examination in several chapters of this report.

9. Leadership in matters of accountability and an accountability ethic or ethos have been found seriously wanting in the upper military, bureaucratic, and political echelons. Aside from the platitudes that have now found their way into codes of ethics and the cursory treatment in some of the material tabled by the Minister of National Defence on March 25, 1997, the impulse to promote accountability as a desirable value or to examine seriously or improve existing accountability mechanisms in all three areas has been meagre.

10. There also appears to be little or no interest in creating or developing mechanisms to promote and encourage accurate and timely reporting to specified authorities, by all ranks and those in the defence bureaucracy, of deficiencies and problems, and then to establish or follow clear processes and procedures to investigate and follow up on those reports.

The foregoing description of notable deficiencies in accountability as revealed by experience with the Somalia deployment suggests a range of possible solutions. A number of these suggestions are proposed and discussed in greater detail in this chapter and elsewhere in this report. One suggestion involves the creation of an Office of Inspector General, the purpose of which would be the promotion of greater accountability throughout the Canadian Forces and the Department of National Defence. This and other related recommendations are discussed at length in Chapter 16.

CHAIN OF COMMAND

The chain of command is an authority and accountability system linking the office of the Chief of the Defence Staff to the lowest level of the Canadian Forces and back again to the office of the CDS. It is also a hierarchy of individual commanders who make decisions within their connected functional formations and units. The chain of command is intended to be a pre-emptive instrument of command — allowing commanders actively to seek information, give direction, and oversee operations. It is a fundamental aspect of the structure and operation of the Canadian military, and ensuring its soundness is therefore a paramount responsibility of command.

Before and during the deployment of Canadian Joint Force Somalia, the Canadian Forces chain of command was, in our view, severely wanting. The Inquiry was faced again and again with blatant evidence of a seriously malfunctioning chain of command within the Canadian military. It failed as a communications system and broke down under minimal stress. Commanders testified before us on several occasions that they did not know about important matters because they had not been advised. They also testified that important matters and policy did not reach subordinate commanders and the troops or, when they did, the information was often distorted. Multiple illustrations of these problems are provided in Chapter 17.

As one example, the failure of the chain of command at senior levels was striking with regard to how commanders came to understand the state of the Canadian Airborne Regiment in 1992. Many senior officers in the chain of command, from MGen MacKenzie to Gen de Chastelain, testified that they were ignorant of the state of fitness and discipline of the CAR.

Yet they maintained even during the Inquiry that they had faith in the appropriateness of the CAR to undertake a mission because they assumed that it was at a high state of discipline and unit cohesion.

Throughout the period from early 1992 until the deployment of the CAR to Somalia in December 1992, several serious disciplinary problems — one, at least, of a criminal nature — had occurred in the CAR. These incidents, among other matters, were so significant that they led to the dismissal of the Commanding Officer of the CAR, itself a unique and remarkable event in a peacetime army. Yet we were told that few officers in the chain of command were even aware of these problems.

We were asked to believe that the scores of staff officers responsible for managing information from units for senior officers and commanders in Special Service Force headquarters, Land Force Central Area headquarters, Land Force Command headquarters, and NDHQ never informed them of these serious incidents. Indeed, we must assume that the specialized and dedicated Military Police reporting system, composed of qualified non-commissioned members and officers who routinely file police reports and investigations specifically for the use of commanders, failed to penetrate the chain of command. In other words, we must believe that the commanders did not know what was happening in their commands and therefore that the chain of command failed. But the matter is worse, for the evidence is that the chain of command provided enough information that commanders ought to have been prompted to inquire into the situation and to act.

We were told without further explanation and supporting evidence that "the Forces had an administrative concept of organization and command control...and still do." However, in our view, the confusion of responsibilities in NDHQ and the lack of precise definitions of command authority in the CF and in NDHQ are such that they raise worrisome questions about the reliability, or even the existence, of a sound concept of command in the Canadian Forces generally.

It is not as though problems in the structure for the command and control of the CF on operations in Canada and overseas was a new issue for CF leaders. Studies ordered by the Chief of the Defence Staff as early as 1985, to inquire into the continuing confusion in NDHQ concerning operational planning, confirmed this issue. One of these warned the CDS and the Deputy Minister that NDHQ could not be relied upon to produce effective operational plans or to be an effective base for the command and control of the Canadian Forces in operations. In 1988 the weaknesses in plans for CF operations in Haiti prompted yet another study into authority and planning responsibilities in NDHQ. This report found no agreed concept for the operation of the CF in wartime; that NDHQ was inappropriately organized for command functions; that the responsibilities of the CDS and DM were blurred;

and that "the most complex issue dealt with" was the relationship between the Deputy Chief of the Defence Staff (DCDS) and the commanders outside Ottawa. None of these problems was resolved satisfactorily.

A report prepared for the CDS and the DM in September 1992 confirmed that these problems had not been properly addressed. Among other things, the evaluators found "undue complexity in the command structure...and too much room for misinterpretation." Further, "the evaluation showed that there is a critical need for a simplified command and control structure, one which will bring to an end the current ad hoc approach." Thus, from their own studies and experiences, senior CF officers should have been well aware that the existing structure for the command of the CF was, at least, suspect and required their careful attention.

In short, there is compelling evidence that the chain of command, during both the pre-deployment and the in-theatre period, failed as a device for passing and seeking information and as a command structure. There is also considerable evidence that the actions and skills of junior leaders and soldiers overcame many of the defects in the chain of command, allowing the operation to proceed. This was especially true during the period when Operation Cordon (Canada's contribution to the original United Nations peacekeeping mission) was cancelled and Operation Deliverance (Canada's contribution to the U.S.-led peace enforcement mission) was authorized and soldiers deployed.

DISCIPLINE

Among the many issues facing us, discipline proved critical in understanding what went wrong in Somalia. Much of the problem of the CAR as a unit, most of the incidents that occurred during the preparation stage in Canada, and the many troubling incidents involving Canadian soldiers in Somalia all have a common origin — a lack of discipline. For the ordinary citizen who has little exposure to the military, discipline is understood to be the cornerstone of armies, the characteristic that one would have expected to be much in evidence in an armed force as renowned for its professionalism as the Canadian Forces. It was the difference between this public expectation and the actual events of the Somalia mission that captured the attention of Canadians and contributed to the call for this Inquiry. For example, there were 20 incidents of accidental or negligent discharge of a personal weapon and two incidents of accidental or negligent discharge of crew-served weapons in theatre. One caused an injury and another killed a Canadian Forces soldier. The Board of Inquiry into the leadership, discipline, operations, actions, and procedures of the Canadian Airborne Regiment Battle Group remarked

that these accidental discharges occurred "to an unacceptable degree". These incidents call into question the standard of self-discipline in the Canadian contingent.

Few professions are as dependent on discipline as the military. An army is best seen as a collection of individuals who must set aside their personal interests, concerns, and fears to pursue the purpose of the group collectively. The marshalling of individual wills and talents into a single entity enables an army to face daunting challenges and great adversity and therefore to achieve objectives unattainable except through concerted effort. The instrument by which this is accomplished is discipline.

The chief purpose of military discipline is the harnessing of the capacity of the individual to the needs of the group. The sense of cohesion that comes from combining the individual wills of group members provides unity of purpose. The group that achieves such cohesiveness is truly a unit. Effective discipline is a critical factor at all levels of the military, and nowhere more so than at the unit level. Much of Chapter 18 is concerned with the CAR as a unit, or with its various parts, the sub-units of the battalion.

However, discipline plays a vital role at all levels within the military. Too frequently armies treat discipline as a concern regarding the lower levels: a matter to be attended to primarily by non-commissioned officers at the unit level and below. But discipline is important for the proper functioning of the chain of command throughout the military. Undisciplined staff officers or commanders who hold themselves above the rigours of discipline can do far more harm to the collective effort of the military than any soldier in the ranks.

We have determined that the CAR displayed definite signs of poor discipline in the early 1990s, in spite of the remedies recommended in the 1985 Hewson report examining disciplinary infractions and anti-social behaviour. These are discussed in detail in Chapter 18.

A number of factors contributed to the disciplinary problems in the CAR, specifically in 2 Commando, prior to deployment, including periodic lack of commitment on the part of the CAR's parent regiments to ensure that their best members were sent to the CAR; the inferior quality of some junior officers and NCOs; doubtful practices in 2 Commando in the recruitment of NCOs; the ambiguous relationship between master corporals and soldiers; the high turnover rate within the CAR and the sub-units; mutual distrust and dislike among a significant number of the CAR's officers and NCOs; questionable suitability of individual officers for the CAR and the ranks they occupied; a tendency to downplay the significance of disciplinary infractions or to cover them up entirely; and the continuing ability of CAR members to evade responsibility for disciplinary infractions.

As we explore in greater detail in Chapter 19, the CAR was simply unfit to undertake a mission in the autumn of 1992, let alone a deployment to Somalia. The three incidents of October 2 and 3, 1992, indicated a significant breakdown of discipline in 2 Commando during the critical period of training and preparation for operations in Somalia. Military pyrotechnics were discharged illegally at a party in the junior ranks' mess; a car belonging to the duty NCO was set on fire; and various 2 Commando members expended illegally held pyrotechnics and ammunition during a party in Algonquin Park. The illegal possession of these pyrotechnics was the result of theft from DND and the making of false statements. A search conducted on the soldiers' premises uncovered ammunition stolen from DND, as well as 34 Confederate flags.

These incidents were so serious that LCol Morneault proposed to leave 2 Commando in Canada unless the perpetrators came forward. BGen Beno, after consulting MGen MacKenzie, opposed this plan. Almost everyone suspected of participating in the October incidents was permitted to deploy. Several of these individuals created difficulties in Somalia.

In spite of established doctrine, practice, and procedures, there were problems at the senior levels of the chain of command in providing adequate supervision, resulting in poor discipline, faulty passage of information, untimely reaction through advice or intervention, and ineffective remedial action. Such problems appear to have been so frequent as to indicate a significant systemic failure in the exercise of command.

In short, the attitude of all ranks toward the importance of good discipline, from junior soldiers to the most senior commanders in the Canadian Forces, was decidedly weak. When there is insufficient respect for and attention to the need for discipline as a first principle, military operations can be expected to fail. And in respect of discipline, the mission to Somalia was undoubtedly a failure.

The fact is that, at the time of the Somalia mission, discipline was simply taken for granted. It seems to have been assumed that trained soldiers in a professional military would naturally be well disciplined. The matter was tracked and reported on indifferently and inconsistently, with no central co-ordination or sharp focus at the highest levels. Above all, discipline was the subject of inadequate attention, supervision, guidance, enforcement, or remedy by the senior levels of the chain of command; it was, shockingly, simply ignored or downplayed.

In facing the future, the first requirement is to take steps to recognize the importance of discipline and the role it must play as a matter of fundamental policy. Discipline requires not only policy definition and emphasis in doctrine, training and education, but also a prominent and visible focus in the interests and concerns of the most senior leadership. The recommendations in this report are intended to facilitate these changes.

SUITABILITY AND COHESION

Our terms of reference required us to examine the suitability of the Canadian Airborne Regiment for the Somalia mission. Was it adequately manned, organized, equipped, and trained for that particular mission?

In this regard, the inherent suitability of the CAR is an issue for consideration. But to suggest that a unit possesses inherent suitability does not necessarily mean that a unit is in all respects suitable for every mission. It is at this point that considerations of mission-specific suitability come into play.

Putting aside these theoretical considerations, we found that even before a restructuring of the CAR in 1991-92, there were recognized deficiencies in the organization and leadership of the Regiment. These differences were exacerbated by the reorganization, which failed to eliminate the independence of the Regiment's three commandos. Francophones and Anglophones generally manned seperate commandos and did not work together; the relationship between 1 Commando and 2 Commando in particular went beyond mere rivalry, spilling over at times into hostility. Cumulatively, the result was a lack of regimental cohesion at the most basic level.

Furthermore, the downsizing that took place during the 1992 restructuring of the CAR occurred without first determining the appropriate 'concept of employment' for the Regiment. What emerged was poorly conceived. As with the move of the CAR to CFB Petawawa in 1977, the Regiment's downsizing in 1992 occurred without sufficient consideration being given to the appropriate mission, roles, and tasks of the CAR.

In addition, there was a deterioration in the quality of personnel assigned to the CAR. This was exacerbated when the Regiment was downsized to a battalion-size formation. There were personnel shortages in several critical areas, to the point that the CAR was not properly manned at the time of the Somalia mission.

There were also significant problems at leadership levels that undermined the cohesion of the CAR, to the point where the Regiment ceased to operate effectively. Lack of discipline was one of the reasons the CAR failed to reach a workable level of cohesion. There was also a lack of cohesion among the officers and non-commissioned members of the CAR. The failure to separate master corporals from the rest of the troops in barracks weakened the authority of non-commissioned officers. Furthermore, officer–NCO cohesion within the CAR was weak. Conflict and mistrust existed among several key officers and NCOs, and this affected the proper functioning of the chain of command.

There was a substantial turnover of personnel within the Canadian Airborne Regiment during the active posting season in the summer of 1992. This rate of changeover was not unique to the Regiment but was nonetheless excessive and contributed further to lowering the cohesion of the unit during the period of preparation for Operation Deliverance.

In short, although the CAR was inherently suitable in theory for the mission to Somalia, in fact its actual state of leadership, discipline, and unit cohesion rendered it unfit for any operation in the fall of 1992. From a mission-specific perspective, the CAR was improperly prepared and inadequately trained for its mission, and by any reasonable standard, was not operationally ready for deployment to Somalia.

PERSONNEL SELECTION AND SCREENING

The key question in assessing the adequacy of the selection and screening of personnel for the Somalia deployment is whether the system, and those who operated it, took unacceptable risks — either knowingly or negligently — in the manning of the CAR (which made up over 70 per cent of the CF personnel who served in Somalia) and in deciding which members of that unit were suitable to participate in the mission. We have found considerable evidence that unacceptable risks were, in fact, taken.

At the time of the Somalia deployment, the CAR had not been well served by the personnel system. Inadequacies in processes and deficiencies in the actions and decisions of those responsible for its operation contributed significantly to the problems experienced by the CAR in 1992 and 1993.

Performance Evaluation Reports (PERs), which form the basis of key decisions concerning a member's career development (appointment, selection for courses, and promotion), were known to downplay a candidate's weaknesses; yet they were relied on heavily, even blindly, in appointment and promotion decisions.

The chain of command repeatedly ignored warnings that candidates being chosen for important jobs were inappropriate selections. As a matter of common practice, career managers refrained from passing on comments about candidates when they were made by peers or subordinates. They also did not accept advice from officers about replacements. Except for formal disciplinary or administrative action, information about questionable conduct by CF members was not normally noted in files or passed on to subsequent superiors. Furthermore, there was an absence of formal criteria for key positions such as the regimental commanding officer and the officers commanding units of the Regiment.

Land Force Command waived its own informal criteria in order to accommodate the nominees of parent regiments to the CAR, while candidates who better suited requirements were available or could have been made available. Representatives of the regimental councils of the parent regiments, or regimental 'Godfathers', who are outside the chain of command and therefore unaccountable, had too much influence in the process. This was particularly problematic for the CAR, since these officers had a virtual monopoly in putting forward nominees from their own regiments for postings in the CAR, and since any repercussions of a poor choice would be felt by the CAR and significantly less by their own regiments.

Individual career management goals were too often allowed to take precedence over operational needs in the appointments process. Bureaucratic and administrative imperatives were allowed to dilute the merit principle and override operational needs. In some cases, the chain of command allowed completely irrelevant factors, such as inter-regimental and national politics, to influence key appointment decisions. In spite of the fact that the CAR was known to require more experienced leaders than other units, the chain of command knowingly selected less qualified candidates for key positions in the CAR when better candidates were available or could and should have been made available.

The Delegated Authority Promotion System (DAPS) promoted less experienced soldiers to master corporal — an important position, representing the first level of leadership in the Canadian Forces. The CAR abused the DAPS by using it to avoid posting in master corporals from parent regiments, in order to promote internally. Due to the lack of mobility of personnel among the CAR's three commandos, this practice meant that DAPS appointments in the CAR were much less competitive than those in parent regiments. Cpl Matchee, for example, was appointed to master corporal through the DAPS, even though he had not been successful in competition with his peers; he had recently participated in the Algonquin Park incident of October 3rd; and his platoon second in command and his platoon commander had raised concerns about the appointment and actually questioned his suitability for deployment to Somalia.

It was generally recognized by Land Force Command — well before the Somalia deployment — that the CAR was a special unit in that it had a requirement for mature and experienced leaders at all levels: senior NCOs, as well as platoon, company, and unit command positions. Yet, by the time of the Somalia deployment, there was an apparent trend toward younger and less experienced soldiers and junior leaders. Promotion practices such as the so-called 'airborne offers', which used promotions to fill vacancies in the CAR, and the Delegated Authority Promotion System — particularly as it was used in relation to the Airborne Regiment — contributed to this trend.

There were no strict standards for selection of soldiers for the CAR. While the CAR could veto selections and post soldiers back to source units, initial selection of soldiers for the Regiment was entirely in the hands of these units. The informal selection process — operated, as it was, by the source units and regiments — left the CAR vulnerable to being used as a 'dumping ground' for overly aggressive or otherwise problematic personnel. Despite the recognized need of the CAR for more mature soldiers, some soldiers sent to the Regiment had been involved in recent misconduct.

Poor judgement was shown in the screening of CAR personnel for the mission, especially in relation to 2 Commando. Short-term morale appears to have taken precedence over discipline. The unit leadership rejected significant warnings about the suitability of personnel. Appointments to key positions in the CAR were allowed to stand in spite of serious misgivings on the part of senior officers and members of the chain of command, and in spite of the fact that the unit was on its first overseas deployment in several years.

Our suggestions concerning Canadian Forces promotion and appointment policies, as well as further action to deal with racism in the military, are provided in the recommendations at the end of this summary.

TRAINING

Fundamental to a unit's operational readiness are troops well trained to perform all aspects of the mission to which the unit is being committed. Accordingly, our report touches on a broad spectrum of issues related to training, and includes, but is not limited to, a review of the training objectives and standards used for Operation Cordon and Operation Deliverance.

To our surprise, we found that in 1992 there was no formalized or standardized training system for peace operations, despite almost 40 years of intensive Canadian participation in international peace operations. No comprehensive training policy, based on changing requirements, had been developed, and there was an absence of doctrine, standards, and performance evaluation mechanisms respecting the training of units deploying on peace operations. This situation existed even though deficiencies in training policy, direction, and management had been clearly identified in internal CF reviews and staff papers well before 1992.

In preparing its forces for peace support missions, the CF relied almost exclusively on general purpose combat training, supplemented by mission-specific training during the pre-deployment phase. This traditional approach to training was not adequate to provide military personnel with either a full

range of skills or the appropriate orientation necessary to meet the diverse and complex challenges presented in post-Cold War peace support missions. There was a failure to incorporate the required generic peacekeeping training, both in the individual training system and in the regular operational training schedule.

To fulfil its tasking as the UN standby unit, the CAR should have at all times maintained a proficiency in both general purpose combat skills and generic peacekeeping skills (involving, for example, the nature of UN operations and the role of the peacekeeper, conflict resolution and negotiation, cross-cultural relations, restraint in application of force, and standard UN operations). However, the CAR received little or no ongoing generic peacekeeping training to prepare it for UN operations, despite having been designated for many years as the UN standby unit. This typified the traditional DND/CF dictum that general purpose combat training provides not only the best, but also a sufficient basis for preparing for peacekeeping missions.

The absence of CF peacekeeping training doctrine, together with a lack of guidelines for the development of training plans for UN deployments or a standard package of precedents and lessons learned from previous missions, placed an undue burden on the CAR's junior staff in the initial stages of designing a training plan for Operation Cordon. Such an absence represents a clear and inexcusable failure by the military leadership, particularly at the senior levels, given Canada's decades of involvement in peacekeeping missions. The CAR staff went to great lengths to attempt to compensate for this lack of doctrine, guidelines, and materials.

The training plan for Operation Cordon did not adequately provide for sufficient and appropriate training in relation to several non-combat skills that are essential for peacekeeping, including the nature of UN peacekeeping and the role of the peacekeeper; the Law of Armed Conflict, including arrest and detention procedures; training in use of force policies, including mission-specific rules of engagement; conflict resolution and negotiation skills development; inter-cultural relations and the culture, history and politics of the environment; and psychological preparation and stress management. The failure of the training plan to provide adequately for these non-combat skills arose primarily from the lack of any doctrine recognizing the need for such training, and the lack of supporting training materials and standards.

Most of the CAR's training for Operation Cordon was conducted prior to October 18, 1992. Although most categories of training outlined in the training plans for September and October were covered, the lack of training objectives, standards, and evaluation criteria made it difficult for anyone involved to assess the level to which training had been conducted or the proficiency levels achieved. In addition, there were significant shortcomings due to lack of equipment and other training resources.

Leaders at all levels of the chain of command, with the notable exception of the Brigade Commander during the initial stages, failed to provide adequate supervision of the training preparations undertaken by the CAR for Operation Cordon.

Despite an apparent sensitivity to the need to establish an appropriate tone and attitude for training preparations and the mission, the CAR did not succeed in ensuring that these were in fact conveyed to, and adopted by, personnel at all levels within the unit. At least some components within the CAR remained overly aggressive in their conduct and bearing during training exercises. Eleventh-hour attempts to instil an orientation appropriate for peace support missions cannot counterbalance years of combat-oriented socialization.

There was confusion between the brigade and regimental levels as to the purpose of Exercise Stalwart Providence, the CAR training exercise conducted in the fall of 1992. Various perceptions of its purpose existed during the planning stages: some saw it as simply a training exercise, others believed it was an exercise to test the cohesiveness of the subunits, and still others saw it as an exercise to confirm the operational readiness of the CAR as a whole. It is our view that, given the compressed time frame, the CO should have been left to run a regimental exercise, rather than having been rushed into a brigade-level test of operational readiness.

With such a short period between warning and deployment, there was virtually no time to conduct preparatory training for Operation Deliverance. There is no evidence to suggest that any consideration was given to training requirements for the new mission by the officials responsible for the decision to commit Canadian troops for the new mission, nor is there any evidence of training guidance or direction being provided to the Canadian Airborne Regiment Battle Group by higher levels of command. This represents a significant failure.

No significant training was conducted by the CARBG after the mission changed from Operation Cordon (a peacekeeping mission under Chapter VI of the United Nations Charter) to Operation Deliverance (a peace enforcement mission under Chapter VII). Various prerequisites for the proper planning and conduct of training — such as a clear mission, theatre-specific intelligence, mission-specific rules of engagement, training equipment and vehicles, and sufficient time to train — were not available. There was no opportunity for the newly constituted battle group to train together. The CARBG deployed to Somalia, on a potentially dangerous mission, without adequate training and without the battle group functioning as a cohesive whole. It was a matter of good fortune that they were not challenged by a serious show of force on their arrival in theatre: the results could have been tragic.

Our overall conclusion is that professional soldiers wearing the flag of Canada on their uniforms were sent to Somalia not properly prepared for their mission. They were unprepared, in good part, because of key deficiencies in their training. The mission called for troops who were well led, highly disciplined, and able to respond flexibly to a range of tasks that demanded patience, understanding, and sensitivity to the plight of the Somali people. Instead they arrived in the desert trained and mentally conditioned to fight.

In seeking remedies for the future, we urge the Canadian Forces to acknowledge the central role that generic peacekeeping and mission-specific training must play in mounting peace operations. Our recommendations in this regard are summarized at the conclusion of this summary.

RULES OF ENGAGEMENT

The phrase 'Rules of Engagement' (ROE) refers to the directions guiding the application of armed force by soldiers within a theatre of operations. The ROE perform two fundamentally important tasks for Canadian Forces members undertaking international missions. First, they define the degree and manner of the force to which soldiers may resort. Second, they delineate the circumstances and limitations surrounding the application of that force. They are tantamount to orders.

The record shows that CF members serving in Somalia fired weapons and caused the loss of Somali lives in several incidents. Individually and collectively, these incidents raise critical questions surrounding the ROE governing CF members in Somalia. Did the ROE anticipate fully the range of situations where the application of force would be possible? Were the ROE clearly drafted? Was information about the ROE passed adequately along the chain of command? Were CF members properly trained in the ROE?

In answering these questions, we come back again to failures noted elsewhere in our report: lack of clarity surrounding the mission in Somalia; inadequate time to prepare, giving rise to hasty, ill-conceived measures; a chain of command that did not communicate the ROE clearly to its soldiers; deficient training in the ROE generally; lack of training in the mission-specific ROE before deployment and in theatre; and indiscipline by CF members in observing the ROE.

More specifically, we find that the ROE reached Canadian soldiers in a piecemeal, slow, and haphazard manner. Multiple, inconsistent versions of the soldier's card explaining the ROE coexisted in theatre. Moreover, the interpretation of the ROE was changed substantially during operations. The ROE

themselves were substantively weak and incomplete. They failed, among other things, to address the crucial distinction between a "hostile act" and "hostile intent."

The interpretation and application of the ROE created considerable confusion among the troops. The highly questionable interpretations offered by commanders added to the confusion, as did the failure to consider adequately the issue of the possible non-application of the ROE to simple thievery and to advise the soldiers accordingly.

The training conducted in the ROE in the pre-deployment and the in-theatre phases alike was inadequate and substandard. Indeed, our soldiers were poorly trained in the ROE, having been confused, misled, and largely abandoned on this crucial issue by their senior leaders. These realities contributed directly to serious practical difficulties in applying the ROE while Canadian operations in Somalia were continuing, notably with regard to the March 4th incident.

Our recommendations are intended to clarify the development of training for, and application of, rules of engagement and to lend greater certainty to them.

OPERATIONAL READINESS

The Chief of the Defence Staff and subordinate commanders are responsible and accountable for the operational readiness of the Canadian Forces. This responsibility is particularly important whenever units or elements of the CF are about to be committed to operations that are potentially dangerous, unusual, or of special importance to the national interest. Therefore, it is incumbent on officers in the chain of command to maintain an accurate picture of the state of the armed forces at all times and to assess the operational readiness of CF units and elements for employment in assigned missions, before allowing them to be deployed on active service or international security missions.

Clearly, it was unlikely that the CDS and his commanders at Land Force Command and Land Force Central Area could know the state of any unit without some reliable method for checking operational readiness. Yet the extant system, the Operational Readiness and Effectiveness Reporting System (ORES) was unreliable, and little effort was made to install a dependable process before the assessments for deployment to Somalia commenced. Therefore, because the CDS and his commanders could not and did not know the 'start-state' of any unit in 1992, they could not reliably determine what training or other activities, including resupply of defective equipment,

would be necessary to bring any unit to an operationally ready 'end-state' without a detailed inspection at unit level. Moreover, because the specific mission for Operation Deliverance was not known in detail until after Canadian Joint Force Somalia arrived in theatre, no specific assessment of mission operational readiness and no assessment of operational effectiveness could be made before the force deployed.

These critical flaws in the planning process suggest that the staff assessments and estimates that were completed at all levels of command, and especially those prepared for the CDS at NDHQ, which he used to advise the government on whether to commit the Canadian Forces to Somalia, were essentially subjective and unreliable. Furthermore, these flaws, combined with the lack of command and staff effort to verify the exact condition of units, suggest strongly that subsequent planning and the decisions and actions of senior officers and officials were likewise arbitrary and unreliable.

We found that there is fundamental confusion within NDHQ and the CF officer corps about the important distinction between a unit that is ready to be deployed and one that is ready to be employed on a military mission. The question that seems not to have been asked by any commander assessing unit readiness was, "ready for what?" The failure to make specific findings of mission readiness and the confusion of readiness to deploy with readiness for operations are major problems.

There was no agreement or common understanding on the part of officers as to the meaning of the term 'operational readiness'. Therefore, because the term had no precise meaning in doctrine or policy, the words came to mean whatever officers and commanders wanted them to mean at the time. In other words, any officer could declare a unit to be operationally ready without fear of contradiction, because there were no standards against which to measure the declaration.

Another contributing factor was the notion held by officers in the chain of command that operational readiness is simply a subjective measurement and solely the responsibility of the commander on the spot. Commanders at all levels seemed content to accept on faith alone subordinates' declarations that the CAR and the CARBG were ready without any concrete evidence that they had tested the readiness in a realistic scenario. MGen MacKenzie testified before us that "funny enough [readiness is] not a term we use… within the Army; historically, it is a commander's responsibility to evaluate readiness" according to his or her own standards.

Commanders were satisfied to attribute all failures of readiness to LCol Morneault's "poor leadership", even though other serious problems in the unit and in its preparations were evident. While such a sequence might be possible when, for example, a commanding officer is found to be unfit

and no other readiness problems exist, this was not the case in the CAR. Clearly, leaders failed to assess rigorously in the field all aspects of mission readiness of the CAR after they issued orders to the unit.

Immediately prior to the deployment, commanders at all levels of the SSF, LFCA, LFC, and NDHQ had ample reason to check the operational readiness of the newly formed CARBG for its new mission and few reasons to assume that it was operationally ready for the mission in Somalia. However, no effective actions were taken by any commander in the chain of command to make such an assessment or to respond properly to orders to do so.

The lack of objective standards and evaluations, an unquestioning and unprofessional 'can-do' attitude among senior officers, combined with other pressures — such as a perception that superiors wanted to hurry the deployment — can bring significant pressure on commanders to make a readiness declaration that might not be made otherwise. There is sufficient evidence to suggest that this occurred during preparations for Operation Deliverance.

The problems evident in CARBG during its tour in Somalia occurred in conditions far more peaceful than were anticipated before departure. If our soldiers had encountered heavy armed resistance in Somalia, CARBG's lack of operational readiness might well have resulted in large-scale tragedy rather than in a series of isolated disasters and mishaps, damaging as these were.

MISSION PLANNING

Volume 3 analyzes how planning for the Somalia mission generally was conducted by officers and DND officials during 1991-93. It provides a thoroughly documented case study of how Canada planned and committed Canadian Forces to an international operation. Our recommendations suggest how Canada might plan better for peace support operations in the future.

On the whole, regarding the Somalia mission, we found that reckless haste and enthusiasm for high-risk, high-profile action undermined due process and rational decision making at the most senior levels. Doctrine, proven military processes, guidelines, and formal policy were systematically disregarded. What guidelines and checklists that did exist were treated with little respect. The deployment therefore began with an uncertain mission, unknown tasks, ad hoc command arrangements, an unconsolidated relationship to U.S. command, and unclear rules of engagement. An international commitment initially conceived in the Canadian tradition of peacekeeping was hastily reshaped into an ill-considered military operation for which the CF and the troops it sent had little preparation.

THE FAILURES OF SENIOR LEADERS

Volume 4 is the only one in which individual conduct is considered separately from systemic or institutional activity. To be sure, organizational failings merited our attention and emerge at many points throughout the report in the detailed analysis of systemic or institutional questions. However, this part of the report is reserved for consideration of whether individual failings or shortcomings existed in the Somalia deployment and whether individual misconduct occurred. The curtailment of our mandate has necessarily required the restriction of our analysis of individual shortcomings to the pre-deployment and DGPA/document disclosure phase of our endeavours. We informed those responsible for the in-theatre phase that we would not reach findings on individual misconduct in respect of that phase, and we withdrew the notices of serious shortcomings given to them.

The first chapter of Volume 4 bears the title "The Failures of Senior Leaders". The notion of leadership failure in this report involves the application of the principles of accountability discussed earlier and is informed by an appreciation of the qualities of leadership that we describe in our chapter on that subject. However, one specific aspect of failed leadership that is of importance in this discussion is the shortcoming that occurs when individuals fail in their duty as a commander.

The individual failures or misconduct that we describe were previously identified and conveyed to individuals by means of the device referred to as a section 13 notice. This is the provision in the *Inquiries Act* stipulating that "No report shall be made against any person until reasonable notice has been given to the person of the charge of misconduct alleged against him and the person has been allowed full opportunity to be heard in person or by counsel."

Recipients of section 13 notices received them early in our process and before the witnesses testified. All section 13 notice recipients were extended the opportunity to respond to their notices by calling witnesses and by making oral and written submissions. This was in addition to the rights they enjoyed throughout our proceedings to fair and comprehensive disclosure, representation by counsel, and the examination and cross-examination of witnesses.

The individuals whose actions are scrutinized in this volume of the report are members of the forces who have had careers of high achievement. Their military records, as one would expect of soldiers who have risen so high in the CF, are so far without blemish. The Somalia deployment thus represents for them a stain on otherwise distinguished careers. Justifications or excuses were advanced before us that, if accepted, might modify or attenuate the

conclusions we have reached. These ranged from "the system performed well; it was only a few bad apples" to "there will always be errors", from "I did not know" or "I was unaware" to "it was not my responsibility" and "I trusted my subordinates". We do not review these claims individually in the pages of Volume 4, but we considered them carefully.

Another mitigating consideration is the fact that these individuals can be seen as the products of a system that has set great store by the can-do attitude. The reflex to say "yes sir" rather than to question the appropriateness of a command or policy obviously runs against the grain of free and open discussion, but it is ingrained in military discipline and culture. However, leaders properly exercising command responsibility must recognize and "assert not only their right but their duty to advise against improper actions", for failing to do so means that professionalism is lost.

THE MARCH 4TH INCIDENT

The shooting that occurred on the night of March 4, 1993, was a major turning point in the deployment of Canadian Forces to Somalia. It resulted in the death of one Somali national and the wounding of another and may possibly have prepared the way for the tragedies of March 16th. These events, in turn, could not be contained and resulted in public ignominy for the Canadian Forces, leading eventually to this Inquiry.

The shooting on March 4th was in itself the culmination of a dubious interpretation of the Rules of Engagement to the effect that Canadian soldiers could shoot at fleeing thieves or infiltrators under certain circumstances.

The planning and execution of the mission by the CARBG's Reconnaissance Platoon that night caused serious concern among some other members of the Canadian Airborne Regiment Battle Group. Immediately after the shooting, Major Armstrong, the medical officer who examined the body of Mr. Aruush, the Somali who died in the incident, concluded that he had been "dispatched" and alerted the Commanding Officer. In the days following, Major Jewer, the chief medical officer, and Captain Potvin, the Padre, met with the Commanding Officer to express similar concerns. Many suspected that the two Somalis had been deceived, trapped, and shot, in violation of the ROE. The authorities at National Defence Headquarters in Ottawa immediately expressed concern that the two men had been shot in the back while running away from the Canadian compounds and that excessive force might have been used.

Notwithstanding these concerns, the entire incident was the subject of a cursory Summary Investigation agreed to by the Commanding Officer, who designated a captain in his chain of command to report on the incident. In other words, the Commanding Officer investigated his own operational actions and decisions.

The Summary Investigation report concluded that the shooting was within the ROE, absolved the Reconnaissance Platoon of any criminal responsibility, and praised its work. This may have led other troops to believe that all such incidents would be investigated in the same spirit. In fact, in January and February there had been a number of similar shootings at fleeing Somalis. There had also been known instances of improper handling of prisoners, including the taking of trophy-style photographs. All of these incidents had gone unpunished, as did alleged beatings on the nights of March 14th and 15th, thus possibly laying the groundwork for the brutal torture and killing of a Somali teenager while in detention in the Canadian compound on March 16th.

Chapter 38 provides an exhaustive examination of the events of March 4th, the allegations subsequently made, the deficiencies of the summary investigation, and the cover-up that ensued.

While this section makes specific findings, we reached one general conclusion: the response of the chain of command to the administrative, operational, and disciplinary problems manifested in the March 4th operation was weak, untimely, inadequate, self-serving, unjustifiable, and unbecoming the military leadership that our soldiers deserve and the Canadian public expects. Integrity and courage were subordinated to personal and institutional self-interest. It is our belief, based on the evidence adduced before us, that the failure of leadership immediately to address and remedy the problems revealed by the March 4th incident may have made possible the torture death of a Somali youth 12 days later.

OPENNESS AND DISCLOSURE OF INFORMATION TO THE INQUIRY

In conducting our investigation, we encountered two unanticipated but related obstacles that cast a large shadow on the degree of co-operation exhibited by the Canadian Forces and the Department of National Defence, in particular its public affairs directorate, in its dealings with our Inquiry, as well as on the openness and transparency of the Department in its dealings with the public. DND, through its actions, hampered the progress and effectiveness of our Inquiry, and left us with no choice but to resort to extraordinary investigative processes in order to discharge our mandate appropriately.

The first obstacle relates to compliance by DND with our orders for production of documents under the *Inquiries Act*, and the delays and difficulties we faced in dealing with the Somalia Inquiry Liaison Team (SILT).

The second obstacle, related to the first, concerns the manner in which DND's public affairs directorate (referred to as the DGPA) failed to comply with our order for disclosure and attempted to destroy Somalia-related documents that we had requested. This matter also involved probing DGPA's treatment of requests for information about the Somalia incidents made by a CBC journalist, Mr. Michael McAuliffe. This matter became a subject of concern for us since the documentation requested by Mr. McAuliffe embraced information covered by our order to DND for the production of documents.

Our terms of reference required us to investigate certain matters that inevitably became intertwined with actions and decisions taken by the Department of National Defence in responding to our orders for the production of documents, and in processing Access to Information requests regarding documents that were simultaneously the subject of our investigation. As things turned out, these events lent further weight to conclusions that we had reached concerning the poor state of leadership and accountability in the upper echelons of Canada's military — issues that became recurring themes throughout our investigation and this report. These appear as the prevalence of individual ambition, the blaming of subordinates, and blind loyalty to the military institution over public disclosure and accountability.

The story of DND's compliance with our orders for production of documents and later requests for specific documents might appear to lack the drama of events in Somalia, but these issues evoke broader policy concerns regarding leadership in the military, allegations of cover-up, and ultimately, the openness and transparency of government — concerns that are of great importance to those planning the future of the Canadian Forces and, indeed, to government and Canadians in general.

The *Inquiries Act* provides commissioners appointed under its terms with broad powers of investigation and the right of access to any information considered relevant to the subject under study. Actions leading directly or deliberately to delay in producing documents or the alteration of documents and files ordered for the purposes of fulfilling a mandate under that Act should be viewed by all Canadians as an affront to the integrity of the public inquiry process and to our system of government. In that light, the story of non-compliance with the orders of a public inquiry and the nature of the role played by SILT in that story, which is recounted in Chapter 39, becomes all the more shocking.

On a surface level, the events described in Chapter 39 suggest either a lack of competence or a lack of respect for the rule of law and the public's right to know. Digging deeper, the difficulties we encountered involved tampering with and destruction of documents. The cumulative effect of these actions on our work cannot be overstated. We depended on the receipt of accurate information from the Department on a timely basis in order to decide which issues to investigate and how the hearings were to be conducted. The fact that the production was not timely and the documents were incomplete to such a great extent meant that the work of the Inquiry was delayed and that our staff were constantly occupied with document-related issues.

Despite these obstacles, we were able to examine a number of issues carefully and thoroughly. Although we made steady progress in our work, the cumulative effect of the document-related setbacks was not limited to inconvenience and delay. Ultimately, in conjunction with other factors, the delay caused by document-related issues resulted in the Government's sudden announcement directing an end to the hearings and an accelerated reporting date. The unfortunate result was that many important witnesses were not heard, and several important questions that prompted the creation of our Inquiry remain unanswered.

It is clear that rather than assisting with the timely flow of information to our Inquiry, SILT adopted a strategic approach to deal with the Inquiry and engaged in a tactical operation to delay or deny the disclosure of relevant information to us and, consequently, to the Canadian public.

Perhaps the most troubling consequence of the fragmented, dilatory and incomplete documentary record furnished to us by DND is that, when this activity is coupled with the incontrovertible evidence of document destruction, tampering, and alteration, there is a natural and inevitable heightening of suspicion of a cover-up that extends into the highest reaches of the Department of National Defence and the Canadian Forces.

The seriousness of these concerns and their impact on the nature of the investigation conducted by our Inquiry required that we recount these events in considerable detail in Chapter 39.

MILITARY JUSTICE

In spite of the time constraints facing the Inquiry, it has been possible to examine the full range of in-theatre and post-deployment disciplinary incidents relating to Somalia. Having done so, it is abundantly clear that the military

justice system is replete with systemic deficiencies that contributed to the problems we investigated. Without substantial change to this system, it will continue to demonstrate shortcomings in promoting discipline, efficiency, and justice.

Essential to an understanding of the issues raised in Chapter 40 is an appreciation of the extent to which the commanding officer is the central figure in the military justice system. The commanding officer has discretionary powers at most stages of the military justice process — before and during investigations, prosecutions and sentencing, and in the application of administrative and informal sanctions. This discretion is pervasive, overwhelming, and largely unfettered.

In short, a commanding officer who learns of possible misconduct can convene a board of inquiry or order a summary investigation, a Military Police investigation, or an informal review of the allegation. Alternatively, the commanding officer may decide to take no action at all.

If the commanding officer chooses to have alleged misconduct investigated, the investigation may result in a recommendation for action against an individual. Again, the commanding officer may respond in any of several ways — among them disciplinary or administrative action, or no action at all. If the commanding officer chooses a particular course of action within the present disciplinary system — summary trial, for example — he or she often holds further discretionary powers.

Military Police may also decide to investigate possible misconduct. They can choose of their own accord to investigate and, within the law, select their investigative methods. However, the powers of Military Police are, in practice, limited because they are in the chain of command. As well, other factors limit their effectiveness in traditional policing roles: their relative lack of investigative experience, their conflicting loyalties as soldiers and Military Police, and the reluctance of superiors to allocate sufficient investigative resources.

The role of the Judge Advocate General (JAG) in investigations and the decision to prosecute is more limited than that of Military Police. In discharging the responsibility to provide legal advice to the decision makers in the military justice system, JAG officers may advise Military Police or the commanding officer on the legality of a particular investigative tool, or they may help determine the appropriate charge. However, there is no requirement that JAG representatives be involved in investigations or charging decisions. JAG officers do, however, prosecute and defend CF members for service offences in courts martial.

Chapter 40 identifies a broad range of difficulties, such as conflicts of interest, command influence, and lack of independence, that arose in investigating and responding to misconduct of CF members shortly before, during,

and after the deployment to Somalia, and describes the conditions within the military justice system that contributed to these difficulties. It discusses the factors limiting the effectiveness and fairness of the military justice system, and, ultimately, the ability of the CF to discharge its mandate. The chapter argues for a significantly restructured military justice system to remedy many of the shortcomings of the present system and presents recommendations accordingly.

THE MEFLOQUINE ISSUE

Mefloquine is a relatively new anti-malarial drug, first made generally available to the Canadian public in 1993. It is used both to prevent malaria (that is, as a prophylactic) and to treat malaria. Mefloquine is used in areas where the local strains of malaria have developed a resistance to other anti-malarial drugs. Somalia is one such place.

Some suggestion has been made to this Inquiry that mefloquine caused severe side effects, including abnormal and violent behaviour, among some Canadian Forces personnel in Somalia. We were not able to explore fully the possible impact of mefloquine. This would have required additional hearings dedicated specifically to the issue, which time did not permit. However, we report here our general findings about mefloquine and its possible impact on operations in Somalia.

It is clear that mefloquine caused some minor problems in Somalia, as might be expected from a review of the medical literature. We learned of several incidents of gastro-intestinal upset, vivid dreams, nightmares referred to by soldiers as "meflomares", and inability to sleep following the use of this drug. Side effects — or at least the minor side effects, and possibly also the major side effects — appeared to be most pronounced in the 24 to 48 hours after taking mefloquine.

If mefloquine did in fact cause or contribute to some of the misbehaviour that is the subject of this Inquiry, CF personnel who were influenced by the drug might be partly or totally excused for their behaviour. However, for reasons described more fully in Chapter 41, we are not able to reach a final conclusion on this issue. We can offer only general observations about the decision to prescribe mefloquine for personnel deployed to Somalia:

1. DND's decision in 1992 to prescribe mefloquine for CF personnel deployed to Somalia appears to be consistent with the medical practice at the time. This view is based on medical literature from that time suggesting that mefloquine was an appropriate anti-malarial drug for troops in Somalia and that severe neuropsychiatric symptoms

were rare — in the order of one in 10,000 to one in 13,000. U.S. troops also used mefloquine, although in a weaker form. We cannot say, however, whether DND took adequate precautions to ensure that persons susceptible to severe psychiatric disorders did not receive mefloquine, since even in 1992 it was known that mefloquine should not be prescribed to such individuals.

2. At the time of the deployment, there seems to have been no strong evidence that mefloquine might interact with alcohol to produce or increase the risk of abnormal behaviour or to magnify such behaviour. The possible adverse effects of mixing alcohol with mefloquine were analyzed in detail in the medical literature only after the Somalia deployment. DND, therefore, cannot be faulted for failing to relate the consumption of alcohol to the use of mefloquine.

3. More recent medical information suggests that severe adverse effects from mefloquine used as a prophylactic are not as rare as first thought, but views on this point conflict, and further investigation may be necessary.

4. Mefloquine use could have been a factor in the abnormal behaviour of some troops in Somalia. However, one cannot begin to determine whether mefloquine contributed to the behaviour of the individuals in question without answers to the following questions:

    a. Did the members in question use mefloquine?

    b. Did any of the members in question receive a more powerful 'treatment' dose of mefloquine? This would happen only if they had contracted malaria. The more powerful treatment doses were known even at the time of the Somalia deployment to carry a greater risk of neuropsychiatric disorders than the weaker dose that most troops received to prevent malaria.

    c. Did any of the members in question have a history of psychiatric disorders that could increase the risk of severe side effects from mefloquine?

    d. What day of the week did they take mefloquine? What day or days of the week did their misbehaviour occur?

    e. Did they complain at any point about any symptoms, mild or severe, that are now known to be associated with mefloquine?

    f. Did anyone notice abnormal behaviour by the members in question in the few days after the latter consumed mefloquine? If so, what was the behaviour? Is it reasonable to say that mefloquine was or

may have been a cause? Might some other factor instead have caused or contributed to the behaviour (alcohol consumption, racist attitudes, generally belligerent or aggressive nature of the individual, stressful environment, official tolerance of extreme behaviour)?

It is evident that further investigation is warranted before any firm conclusions about the role of mefloquine can be drawn.

TRUNCATION OF THE INQUIRY AND THE UNFINISHED MANDATE

Under the revised terms of reference given to us in the aftermath of the Federal Court of Canada decision characterizing as unlawful the Government's decision to curtail our Inquiry, we were instructed to report on the pre-deployment phase of the Somalia operation and were given discretion to report on all other matters in our original mandate to the extent that we deemed advisable. In compliance with this adjusted mandate, our report describes in detail all the many matters that we have been able to canvass in the time available. It also traces the outline of what we were originally asked to investigate but were unable to complete due to the truncation of our work.

There is an obvious public interest in discovering the answers to questions about the Somalia affair that remain unexplored.

Chapter 42 begins with an account of our efforts to gain the time needed to do justice to the Inquiry's mandate. We go on to examine the Government's decision to truncate that mandate. We conclude with a review of the portions of the mandate that we were forced to abandon — the Inquiry's unfinished business.

All these matters were taken into account in the request for an extension of time that would have led us to report by December 1997, as opposed to June 1997. We were ready to proceed with these matters: issues and witnesses had been identified, and interviews of witnesses had commenced.

We have fully investigated and completed the pre-deployment phase. With respect to the in-theatre phase of the deployment we received and considered sufficient testimony and extensive documentary evidence pertaining to the vast majority of the matters specified in our terms of reference. In this context, the extensive probing of the shooting of two fleeing Somali civilians on the night of March 4, 1993, provided substantial, significant, and cogent evidence for the fulfilment of almost all items of our terms of reference.

However, some of our work remains undone. We obviously could not address, in full detail, the overall post-deployment response of the chain of

command to the problems encountered during the Somalia mission, and the behaviour of senior officers and officials for the purpose of assessing their personal accountability, because our hearings were brought to an end before the most important witnesses relevant to that issue and time period could be called. Our schedule was aborted just as we were beginning to question the highest levels of leadership of the Canadian Forces and the Department of National Defence and to the allegations of cover-up with respect to some incidents. An immediate result was the withdrawal of a number of notices already sent to individuals warning them of possible adverse comment on their conduct. Thus, we could address systemic issues arising out of in-theatre and post-deployment events, but could not, in our report, identify any individual misconduct or failings involved. The Government's decision effectively allowed many of those in senior leadership positions during the deployment to avoid entirely accountability for their conduct, decisions, and actions during and after the mission.

More specifically, we were not able to hear all relevant testimony of the senior leaders who held the offices of Minister of National Defence, Deputy Minister of National Defence, Judge Advocate General, and Chief of the Defence Staff at the material times. These were the very officials ultimately responsible and who would, in the normal course of events, have been ultimately accountable for the conduct of the deployment; the policies under which it was carried out; errors, failures, and misconduct that may have occurred in its planning, execution, and aftermath; and ensuring that appropriate responses were made by the Canadian Forces and the Department of National Defence to problems that arose or were identified.

We would also have called to testify the executive assistants and senior staff in the offices of these senior officials and leaders, not only to receive their evidence with respect to their own conduct and that of their superiors and associates, but also to understand how their offices were managed, the functions, roles and responsibilities they and their staff were assigned and performed, and the policies or standing operating procedures in place to guide the management of their offices.

Government spokespersons frequently asserted that the decision about whether and when to call senior leaders or officials to testify was entirely our responsibility and within our discretion. They stated that we could easily have called anyone we wished within the time allotted to us to complete our work. One need only examine the terms of reference drafted by that same Government to recognize immediately how unrealistic these assertions were. Clauses relating to senior leadership essentially directed us to examine their responses to the "operational, administrative and disciplinary problems"

encountered during the deployment. In order to assess those responses, it was first necessary to identify, independently and painstakingly, what the problems were — and they were legion.

Had the military admitted to some of the problems at the beginning, it would have simplified our work. But their persistent denial — until overwhelming evidence was adduced in our proceedings and emerged from incidents in Bosnia — made this exercise necessary. We would have been justly criticized had we relied on the very leaders and investigators whose conduct and responses we were examining and assessing to define the problems for us. Even more, we would have been justly criticized had we examined senior leaders about their possible involvement in a cover-up without first establishing or receiving evidence from which it could be inferred that a cover-up may actually have occurred or been attempted; the nature and scope of any cover-up; what information had been covered up; and how the leader in question might have participated.

The Minister of National Defence at the time of the Governement's decision to truncate the Inquiry, Mr. Young, also asserted frequently and to our amazement, that all that needs to be known about "what happened" in Somalia is known. We continue to believe that important facts concerning the deployment and its aftermath are not yet known or remain obscure. We thought, because of its public statements, that the Government also believed that it was essential, and in the interests of the Canadian military and its renewal, to expose, understand, confront, and analyze the facts publicly and in an independent, non-partisan setting, as well as address all the important matters raised in the terms of reference. Obviously, we were mistaken, as the Government abandoned its earlier declared interest in holding to account senior leaders and officials who participated in the planning and execution of the mission and responded to the problems that arose. Once again, history repeats itself, in that only the lower ranks have been made to account for the marked failures of their leaders.

We fear that the implementation of hastily crafted and mostly cosmetic reforms, coupled with the abandonment of an interest in accountability or an implementation of reforms unrelated to specific facts and problems identified and assessed in a thorough, independent, and impartial process, will serve merely to postpone the day of reckoning that must surely come.

Although the truncation of our investigation and hearings has prevented us from fully addressing some significant facts, problems, errors, and failures arising out of the deployment, we have concluded that it is our duty, and in the interests of the Canadian public and its armed forces, at least to identify unresolved questions and issues associated with some of the significant incidents that occurred. It is to be hoped that these issues and questions will be addressed and resolved and appropriate remedial measures taken.

In Chapter 42 we outline further questions and issues we would have asked and explored, if the truncation of our Inquiry had not occurred, under the following general headings:

- the February 17th riot at the Bailey bridge
- The incident of March 4, 1993
- The March 16th incident
- The March 17, 1993 killing of a Red Cross guard
- The detention of alleged thieves
- The actions, decisions, responsibilities, and accountability of senior officials
- The Deputy Minister
- The Chief of the Defence Staff and the Deputy Chief of the Defence Staff
- The Minister of National Defence
- The Judge Advocate General
- Further allegations of cover-up
- Systemic issues

All the unanswered questions raised under these general headings were on our agenda and incorporated in the work plan provided to the Government on November 27, 1996 along with various scenarios for the completion of our work, one of which would have committed us to providing a comprehensive report on all matters in our terms of reference by the end of 1997. This proposal went into considerable detail, outlining a schedule of hearings and providing a list of important witnesses that we would call.

We were confident that we could examine all the issues outlined here in a thorough and meaningful way, and complete our report by the end of 1997. We were fully aware of the need for economy and efficiency in public inquiries when we made this commitment. We had experienced extreme frustration when delays encountered in obtaining important documents and in investigating reports of the destruction of military records forced us to ask for more time. Had it not been for these unforeseen developments, we certainly would have completed our work in little more than two years from the date of our appointment.

THE MILITARY IN CANADIAN SOCIETY

Just as the Somalia mission has caused an examination of the relationship between military and civil authority, so too has it afforded a review of the relationship between the military and Canadian society at large. Such a review is important at this time, given the impact of the Somalia deployment on the reputation of the Canadian Forces and on the esteem in which Canadians have traditionally held the military.

We take as a given that Canada, as a sovereign nation, will continue to need a professional armed force to ensure its security. The purpose of this chapter is to review the place of the military in Canadian society. In doing so, it examines factors affecting the armed forces in Canada, military characteristics and values, public affairs and public relations, the purpose of the armed forces and their training, matters such as aggressivity and discipline, respect for law, rights and obligations, and, finally, the core values of Canada's armed forces.

Nothing distinguishes the soldier from the civilian more strikingly than the acceptance that one of the basic rights that may have to be forgone in the national interest is the right to life. This requirement to give up one's life for one's country is spoken of in the military literature as "the clause of unlimited liability". This is the essential defining or differentiating characteristic separating soldiers from their fellow citizens.

This remarkable quality depends for its existence on two conditions. The first is discipline, which begins with the example of self-discipline that leaders impart. The leaders must be the first, in terms of readiness, to sacrifice themselves for their troops. In response, soldiers undertake to do their duty willingly, offering their lives if need be. The second is respect for the military ethos, with its emphasis on the core values of integrity, courage, loyalty, selflessness, and self-discipline. Every military operation from Vimy to Dieppe, Ortona to Caen, Kapyong to the former Yugoslavia has reaffirmed the need for such an ethos.

Some contend that there is a danger that the ethos of the Canadian Forces is weakening. Recent trends toward more civilian- and business-oriented practices, although of assistance in the management of DND, are seen by some within the military as having a negative impact on the Canadian Forces. Their belief is that, as military members attempt to accommodate not only the practices but also the characteristics and values underlying those practices, essential military values are being put at risk.

In light of the Somalia experience, it may not prove sufficient simply to articulate an ethos and exhort soldiers to follow it. It would seem that a more fundamental need exists for a confirmatory and probative exercise to

demonstrate that all soldiers, but particularly the senior officers, live by the military ethos and personify its core values. The military, led by its senior officers, needs to reclaim the ethical high ground.

We urge the senior leaders of the Canadian Forces to redefine the characteristics and values of the Canadian military and to establish the capability to monitor itself on an ongoing basis. In that process it will be critical to confirm those core values without which the health of the military profession in Canada cannot be restored. In the process of this reassessment, the CF leadership should be guided by the imperative that they must be prepared to conduct operations in peace and war in accordance with Canadian standards, values, laws, and ethics.

Soldiers wear the official uniform of Canada. They display the Canadian flag on those uniforms when on missions out of the country. Society's expectations of the nation's flag-bearers are indeed higher than for the average citizen. Those expectations include the notion that soldiers serve as a symbol of the national character.

An enlightened public, we believe, will accept that its modern military, even as it strives to be sensitive to changes in society, cannot shift away from its core values. A failure of military values lies at the heart of the Somalia experience. It is to be hoped that the public, led by politicians and the media, will support the military in its endeavour once again to occupy in the public imagination its special position as a repository of the nation's values.

THE NEED FOR A VIGILANT PARLIAMENT

Canada has begun a new relationship with its armed forces, one that arguably requires greater involvement by members of Parliament and Canadians generally in the direction, supervision, and control of the Canadian Forces. Civil control of the military may be a defining characteristic of liberal democracies, but it does not invariably occur. Civil control of the military, whether it is operating in Canada or abroad, should come from attentive citizens acting through an informed, concerned, and vigilant Parliament.

There is a perceived need to strengthen the role of Parliament in the scrutiny and development of defence policy. Moreover, it is possible that this goal can be achieved by establishing an effective mechanism in Parliament to oversee the defence establishment and by making a few, but significant, amendments to the *National Defence Act.*

The quintessential condition for control of the military and all aspects of national defence is a vigilant Parliament. During the period between 1949 and 1989, the missions, tasks, organization, and functioning of the armed forces were largely fixed by the circumstances of the Cold War. The oversight

of the armed services by members of Parliament during this period was largely of a *pro forma* nature. Since 1989, however, the Canadian Forces have increasingly been called on to serve Canada in complex situations involving uncertain alliances, where the missions or the applicable doctrine are not always clear, and resources, too often, are inadequate.

Given this reality, Parliament must exercise greater diligence in critically monitoring the terms agreed to, or set by, the government for the employment of the Canadian Forces overseas, and safeguarding members of the armed forces from unreasonable risks; it must also monitor the operations of commanders and troops in the field. In 1994, a Special Joint Committee of the Senate and the House of Commons reported that "whatever our individual views on particular issues of defence policy or operations, there was one matter on which we agreed almost from the beginning — that there is a need to strengthen the role of Parliament in the scrutiny and development of defence policy." Proponents of a greater role for Parliament also see a need to strengthen Parliament's involvement in other important areas of national defence. Their argument proceeds on the basis that Canada requires a modern and more effective mechanism for the greater control of national defence, one that is better suited to a sovereign liberal democracy and to the circumstances that the CF will most likely encounter at home and abroad.

Conducting inquiries of this nature arguably should be Parliament's responsibility, although it does not as yet do this. To achieve this goal of more effective oversight, Parliament's mechanisms for inquiry must be improved. A starting point in this regard, as discussed in Chapter 44, might be to have the powers and responsibilities of the Minister of National Defence, the Chief of the Defence Staff and, in particular, the Deputy Minister of National Defence, clarified in law. We also recommend that there be a parliamentary review of the adequacy of the *National Defence Act* every five years. This would also strengthen the role of Parliament and ensure that it increases, while also providing the military with increased access to Parliament.

CONCLUSION

It is inappropriate, at this point, to speak in terms of a *conclusion* to the Somalia debacle. Our investigation has been curtailed, and important questions remain unanswered. Somalia, unfortunately, will continue to be a painful and sensitive topic for Canada's military for years to come. There can be no closure to this subject until the myriad problems that beset the Canadian Forces and the Department of National Defence are addressed comprehensively and effectively.

We began this report by expressing our sincere hope that the Somalia operation represented the nadir of the fortunes of Canada's contemporary military, since there seemed to us to be little room for further descent. Regardless of whether the Somalia mission represents, in historical terms, the lowest ebb, the mission certainly revealed much about the military's current low estate.

The stigma of failure must be attached to the Somalia deployment because the mission failed in so many important ways. While it makes for dispiriting reading, a review of our findings on fundamental matters shows the extent of the morass into which our military has fallen.

Leadership was central to our Inquiry, because at issue was the extent to which the mission failed because of leadership shortcomings. Throughout this report, we ask repeatedly whether what ought to have been done was in fact done. Too often, our answer is "no".

Accountability was ever before us, since the whole purpose of an investigative inquiry is to provide a full accounting of what has transpired. What the Government of the day and the Canadian people were seeking from our Inquiry were our findings on the accountability of senior CF officers and DND officials for the failures of the Somalia mission. We provide principles of accountability to be used as the yardsticks by which we assess the actions and decisions of senior leaders. Again, too often, we find that those actions and decisions were scandalously deficient.

Chain of command, if not effective, consigns the military enterprise to failure. In our Inquiry, where the task is to examine and analyze the sufficiency of the actions and decisions taken by leaders and the effectiveness of the operation as a whole, the importance of an effective chain of command is very clear. Regrettably, our conclusion is that the chain of command, whether in theatre or in Ottawa at NDHQ, failed utterly at crucial points throughout the mission and its aftermath.

Discipline, whose chief purpose is to harness of the capacity of the individual to the needs of the group, is initially imposed through the rigours of training. The ultimate goal of military discipline is to lead individual soldiers to the stage where they control their own conduct and actions. The probability of success for a particular mission will vary in proportion to the extent to which there is good discipline among soldiers. In the lead-up to the deployment, as well as in Somalia itself, that state of discipline among the troops was alarmingly substandard — a condition that persisted without correction.

Mission planning entails proper planning and preparation. Where inadequacies occur in these areas, the conditions for mission failure are created. Substantial planning failures and inadequacies were manifest in such things as last-minute changes to the mission, its location, the tasks involved, the rules governing the use of force, the organization, composition and structure of the force, as well as in shortfalls in logistical support, weapons and materiel, and force training.

Suitability focuses on the qualities of the unit selected for service in Somalia. With the selection of the CAR to serve in Somalia came the need for us to evaluate the adequacy of that choice by senior leadership, given such realities as recognized deficiencies in the organization and leadership of the Regiment, the restructuring and downsizing of the Regiment, the failure to remedy known disciplinary problems, and the substantial turnover in personnel just prior to deployment. Our examination of this question leads us to conclude that the CAR was clearly unsuited, in the mission-specific sense, to serve in Somalia.

Training is the bedrock of discipline and the foundation for the professional image of the armed forces. Fundamental to the operational readiness of a unit is the question of whether troops are well trained to perform all aspects of the specific mission for which the unit is being deployed. In this report, we have striven to answer the question of whether the soldiers who were deployed to Somalia were properly trained for their mission. This involved an assessment of the nature and adequacy of the actual training received and the policies underlying that training, together with an examination of whether the performance of our soldiers could have been improved or enhanced if they had been exposed to additional, more focused and sophisticated training. Our conclusion regarding mission-specific training is that on almost every count the Somalia mission must rate as a significant failure.

Rules of engagement refer to the operational directions that guide the application of armed force by soldiers within a theatre of operations and define the degree, manner, circumstances, and limitations surrounding the application of that force. Our task was to evaluate the extent to which the rules of engagement were effectively interpreted, understood and applied at all levels of the Canadian Forces' chain of command. We find that the ROE were poorly drafted, slow to be transmitted, never the subject of proper training, and inconsistently interpreted and applied. Moreover, we found serious deficiencies in the Canadian policy and procedures for the development, formulation, and transmission of ROE.

Operational readiness entails a rigorous and comprehensive assessment of whether an assigned unit is ready to mount its mission in an operational theatre. In some sense, the concept embraces all the matters described to this point. If a unit is led by competent and accountable leaders who respect and adhere to the imperatives of the chain of command system; if the soldiers serving under these leaders are properly recruited and screened, cohesive, well trained and disciplined; if they have a clear understanding of adequately conceived and transmitted rules of engagement, then one can have confidence that this is a unit that is operationally ready to deploy and to be employed. To our deep regret, we came to negative conclusions about

each of these elements and found that the Canadian Airborne Regiment, in a fundamental sense, was not operationally ready to deploy and be employed for its mission.

Cover-up has been used in this report to describe a deliberate course of conduct that aims to frustrate broader moral, legal, or public claims to information and involves a purposeful attempt at concealment. In the military, laws and regulations impose specific duties in relation to reporting, retaining, or divulging information. In our inquiry, the reporting of significant incidents in theatre and the adequacy of the investigations prompted by such reports revealed the existence of one kind of cover-up, while the alteration and falsification of documents and the manipulation of access to information processes led to another. Also, a third variety emerged, as many of the documents to which we were entitled and that were pledged publicly to us by leaders, both governmental and military, reached us with deliberate tardiness, or in incomplete form, or not at all. We found deep moral and legal failings in this area when we unearthed the origins of cover-up in both the incident of March 4, 1993, and in our examination of the public affairs directorate of DND.

It gives us no satisfaction to have employed the vocabulary of shame in describing what has transpired. We believe that there is no less direct yet honest way to describe what we have found. Little honour is to be found in this failure.

The failure was profoundly one of leadership. Although in this report we have identified some individual failings — primarily in relation to the pre-deployment phase of the mission — the failings that we have recounted in the greatest detail have been those that concern organizational or group responsibility for institutional or systemic shortcomings. The CF and DND leaders to whom this applies are those who occupied the upper tier of their organizations during the relevant periods. The cadre of senior leaders who were responsible for the Somalia mission and its aftermath must bear responsibility for shortcomings in the organization they oversaw.

The senior leadership about which we have been concerned are an elite group. Until now, theirs have been lives of achievement, commendation, and reward. We are sensitive to the fact that implication in an inquiry such as ours, with its processes for the microscopic examination of past events and issues, can be a deeply distressing experience. Some who were members of this select group at the relevant time may even complain of having been tarred with the Somalia brush. We have little sympathy for such complaints. With leadership comes responsibility.

Many of the senior leaders about whom we have spoken in this report have retired or moved on to other things. In our view, this can only be to the good of the armed forces. It is time for a new leadership to emerge in the Department of National Defence and the Canadian Forces, and it is time for that new leadership to move the forces in a new direction. Our dedicated and long-suffering soldiers deserve at least this much.

In our report, we make hundreds of findings, both large and small, and offer 160 recommendations. While what we propose is not a blueprint for rectifying all that ails the military, if the reforms we suggest are conscientiously considered and acted on with dispatch, we believe that the healing process can begin.

RECOMMENDATIONS

Chapter 15 – Leadership

We recommend that:

15.1 The Chief of the Defence Staff adopt formal criteria, along the lines of the core qualities of military leadership, other necessary attributes, and indicative performance factors set out in Chapter 15 of this Report, as the basis for describing the leadership necessary in the Canadian Forces, and for orienting the selection, training, development and assessment of leaders.

15.2 The core qualities and other necessary attributes set out in Chapter 15 of this Report be applied in the selection of officers for promotion to and within general officer ranks. These core qualities are integrity, courage, loyalty, selflessness and self-discipline. Other necessary attributes are dedication, knowledge, intellect, perseverance, decisiveness, judgement, and physical robustness.

15.3 The Chief of the Defence Staff adopt formal criteria for the accountability of leaders within the Canadian Forces derived from the principles of accountability set out in Chapter 16 of this Report, and organized under the headings of accountability, responsibility, supervision, delegation, sanction and knowledge.

15.4 The Canadian Forces make a concerted effort to improve the quality of leadership at all levels by ensuring adoption of and adherence to the principles embodied in the findings and recommendations of

this Commission of Inquiry regarding the selection, screening, promotion and supervision of personnel; the provision of appropriate basic and continuing training; the demonstration of self-discipline and enforcement of discipline for all ranks; the chain of command, operational readiness and mission planning; and the principles and methods of accountability expressed throughout this Report.

Chapter 16 – Accountability

We recommend that:

16.1 The *National Defence Act,* as a matter of high priority, be amended to establish an independent review body, the Office of the Inspector General, with well defined and independent jurisdiction and comprehensive powers, including the powers to:
   (a) evaluate systemic problems in the military justice system;
   (b) conduct investigations into officer misconduct, such as failure to investigate, failure to take corrective action, personal misconduct, waste and abuse, and possible injustice to individuals;
   (c) protect those who report wrongdoing from reprisals; and
   (d) protect individuals from abuse of authority and improper personnel actions, including racial harassment.

16.2 The Chief of the Defence Staff and the Deputy Minister of National Defence institute a comprehensive audit and review of:
   (a) the duties, roles and responsibilities of all military officers and civilian officials to define better and more clearly their tasks, functions and responsibilities;
   (b) the adequacy of existing procedures and practices of reporting, record keeping, and document retention and disposal, including the adequacy of penalties for failures to comply; and
   (c) the duties and responsibilities of military officers and departmental officials at National Defence Headquarters in advising government about intended or contemplated military activities or operations.

16.3 The Chief of the Defence Staff incorporate the values, principles and processes of accountability into continuing education of officer cadets at the Royal Military College and in staff training, command and staff training, and senior command courses. In particular, such education and training should establish clearly the accountability requirements in the command process and the issuance of orders, and the importance of upper ranks setting a personal example with respect to morality and respect for the rule of law.

16.4 To strengthen the capacity of Parliament to supervise and oversee defence matters, the *National Defence Act* be amended to require a detailed annual report to Parliament regarding matters of major interest and concern to the operations of the National Defence portfolio and articulating performance evaluation standards. Areas to be addressed should include, but not be limited to:
   (a) a description of operational problems;
   (b) detailed disciplinary accounts;
   (c) administrative shortcomings;
   (d) fiscal and resource concerns; and
   (e) post-mission assessments.

16.5 The *National Defence Act* be amended to require a mandatory parliamentary review of the adequacy of the act every five years.

16.6 The *Queen's Regulations and Orders* be amended to provide for a special and more effective form of military career review procedure to deal with cases of intimidation and harassment related to the Somalia deployment and this Commission of Inquiry.

16.7 Such special career review boards be entirely independent and impartial committees and contain representation from outside the military, including judges or other respected members of the larger community, to ensure transparency and objectivity in this process.

16.8 Decisions of these special career review boards be subject to a further effective review by a special committee of the House of Commons or the Senate or a judge of the Federal Court.

16.9 In the event that a finding is made that reprisals have occurred and career advancement has been adversely affected, a mechanism for redress be available.

16.10 For the next five years, an annual report reviewing the career progression of all those who have testified before or otherwise assisted the Inquiry be prepared by the Chief of the Defence Staff for consideration by a special committee of the House of Commons or the Senate.

16.11 A specific process be established, under the purview of the proposed Inspector General, designed to protect soldiers who, in the future, bring reports of wrongdoing to the attention of their superiors.

16.12 The *Queen's Regulations and Orders* Article 19 and other official guidelines and directives be amended to demonstrate openness and receptivity to legitimate criticism and differing points of view, so that members of the military enjoy a right of free expression to the fullest extent possible, consistent with the need to maintain good order, discipline, and national security.

Chapter 17 – The Chain of Command

We recommend that:

17.1 The Chief of the Defence Staff:
  (a) confirm in doctrine and in orders that the chain of command is the sole mechanism for transmitting orders and directions to the Canadian Forces;
  (b) confirm in doctrine and in orders that staff officers are never part of the chain of command and have no authority to issue orders except in the name of their respective commanders; and
  (c) in the case of a specific operation, improve existing mechanisms for reviewing, confirming and publishing the chain of command.

17.2 The Chief of the Defence Staff ensure that technical networks, such as legal, medical or engineering specialist networks, do not interfere with or confuse the chain of command between commanders.

17.3 The Chief of the Defence Staff establish general concepts and principles for the command of Canadian Forces contingents on international operations. These concepts and principles should then be instilled through training and used to frame particular orders for commanders of specific missions.

17.4 For greater clarity, and to remedy deficiencies in existing practices, the Chief of the Defence Staff ensure that all commanders of Canadian Forces contingents destined for international operations are given operations orders concerning the chain of command:
   (a) within the contingent;
   (b) between the Canadian Forces contingent and allied commanders; and
   (c) between the deployed contingent and the Chief of the Defence Staff or subordinate commanders.

17.5 The Chief of the Defence Staff conduct national training exercises routinely to test and evaluate the Canadian Forces chain of command in likely or planned operational settings.

Chapter 18 – Discipline

We recommend that:

18.1 The Chief of the Defence Staff institute an official policy on screening aspirants for all leadership positions, beginning with the selection of master corporals:
   (a) identifying self-discipline as a precondition of both commissioned and non-commissioned officership; and
   (b) providing for the evaluation of the individual in terms of self-discipline, including the ability to control aggressive and impulsive behaviour.

18.2 The Chief of the Defence Staff ensure that the importance, function and application of discipline be taught in all officer leadership training, including Royal Military College, staff and command college courses, and senior command courses.

18.3 The Chief of the Defence Staff modify the performance evaluation process to ensure that each individual's standard of self-discipline is assessed in the annual performance evaluation report form, along with the individual's performance in applying discipline when exercising authority.

18.4 The Chief of the Defence Staff establish the head of Canadian Forces personnel (currently the Assistant Deputy Minister Personnel) as the focal point for discipline at the senior staff level in National Defence Headquarters, with advice and support from the Director General of Military Legal Services and the Director of Military Police. To this end, the head of personnel should establish and review policy on discipline, monitor all Canadian Forces plans and programs to ensure that discipline is considered, and assess the impact of discipline on plans, programs, activities and operations, both as they are planned and regularly as they are implemented.

18.5 The Chief of the Defence Staff emphasize the importance of discipline by reviewing frequent and regular reports of the Inspector General, and by requiring the head of personnel to report at least monthly at a Daily Executive Meeting on the state of discipline throughout the Canadian Forces, both inside and outside the chain of command, and by personally overseeing any necessary follow-up.

18.6 The Chief of the Defence Staff establish in doctrine and practice that discipline be identified as a determining factor in assessing the operational readiness of any unit or formation.

18.7 The Chief of the Defence Staff establish in doctrine and practice that during operations, all officers and non-commissioned officers must monitor discipline closely; and that the head of personnel oversee and, at the end of each mission, report on discipline.

18.8 To remedy deficiencies in existing practices, the Chief of the Defence Staff undertake regularly a formal evaluation of the policies, procedures and practices that guide and influence the administration of discipline in the Canadian Forces.

Chapter 20 – Personnel Selection and Screening

We recommend that:

20.1 The Chief of the Defence Staff enforce adherence to the following principles in the Canadian Forces promotion and appointment system:
(a) that merit be a predominant factor in all promotion decisions; and
(b) that the operational needs of the Service always have priority over individual career considerations and administrative convenience.

20.2 To remedy deficiencies in existing practices, and to avoid minimization or concealment of personnel problems, the Chief of the Defence Staff modify the Performance Evaluation Report system to ensure that a frank assessment is rendered of Canadian Forces members and that poor conduct or performance is noted for future reference by superiors (whether or not the matter triggers formal disciplinary or administrative action).

20.3 The proposed Inspector General conduct periodic reviews of appointments to key leadership positions in the Canadian Forces to ensure that the proper criteria are being applied and that such appointments are as competitive as possible.

20.4 The Chief of the Defence Staff ensure that good discipline is made an explicit criterion in all promotion and appointment decisions.

20.5 The Chief of the Defence Staff develop formal criteria for appointment to key command positions, including unit and sub-unit commands, deviation from which would require the formal approval of the Chief of the Defence Staff.

20.6 The Chief of the Defence Staff ensure that, for any future composite combat arms unit (such as the Canadian Airborne Regiment):
   (a) formalized criteria for selection to the unit are established;
   (b) the Commanding Officer have maximum freedom in selecting personnel for that unit; and
   (c) the Commanding Officer have maximum freedom to employ personnel as the Commanding Officer deems appropriate.

20.7 Canadian Forces Administrative Orders 20-50 and 20-46, which deal with the screening of Canadian Forces personnel for overseas deployments, be amended to:
   (a) place priority on discipline as a criterion for selecting personnel for overseas deployment;
   (b) make consideration of the behavioural suitability indicators mandatory; and
   (c) make it clear that although the behavioural suitability indicators listed in Canadian Forces Administrative Order 20-50, as well as the option of referring cases for assessment by behavioural specialists, can assist commanding officers in screening personnel for deployment, they in no way displace or qualify commanding officers' responsibility or accountability for screening personnel under their command.

20.8 The Chief of the Defence Staff develop and issue clear and comprehensive guidelines to commanders at all levels regarding prohibited racist and extremist conduct. The guidelines should define and list examples of racist behaviour and symbolism and should include a list and description of extremist groups to which Canadian Forces members may not belong or lend their support.

20.9 The Canadian Forces continue to monitor racist group involvement and affiliation among Canadian Forces members.

20.10 The Department of National Defence and the Canadian Forces clarify their position on the extent of their obligations under applicable privacy and human rights laws in screening applicants and members of the Canadian Forces for behavioural suitability, including racist group affiliation.

20.11 The Department of National Defence and the Government of Canada review their security policies and practices to ensure that, within the limits of applicable privacy and human rights legislation, relevant information concerning involvement by Canadian Forces members or applicants with racist organizations and hate groups is shared efficiently and effectively among all responsible agencies, including the chain of command.

20.12 The Department of National Defence and the Canadian Forces establish regular liaison with anti-racist groups to obtain assistance in the conduct of appropriate cultural sensitivity training and to assist supervisors and commanders in identifying signs of racism and involvement with hate groups.

Chapter 21 – Training

We recommend that:

21.1 The Canadian Forces training philosophy be recast to recognize that a core of non-traditional military training designed specifically for peace support operations (and referred to as generic peacekeeping training) must be provided along with general purpose combat training to prepare Canadian Forces personnel adequately for all operational missions and tasks.

21.2 Generic peacekeeping training become an integral part of all Canadian Forces training at both the individual (basic, occupational and leadership) and collective levels, with appropriate allocations of resources in terms of funding, people and time.

21.3 The Chief of the Defence Staff order a study to determine how best to integrate the full range of knowledge, skills, attitudes and values required for peace support operations at all stages of individual and collective training for both officers and non-commissioned members.

21.4 The Canadian Forces recognize, in doctrine and practice, that peace support operations require mental preparation and conditioning that differ from what is required for conventional warfare, and that the training of Canadian Forces members must provide for the early and continuous development of the values, attitudes and orientation necessary to perform all operational missions, including peace support operations.

21.5 The Chief of the Defence Staff ensure that the development of comprehensive training policies and programs for peace support operations makes greater use of a broad range of sources, including peacekeeping training guidelines and policies developed by the UN and member states, and the training provided by police forces and international aid organizations.

21.6 The Chief of the Defence Staff order that the mandates of all Canadian Forces institutions and programs involved in education and training be reviewed with a view to enhancing and formalizing peace support operations training objectives.

21.7 Recognizing steps already taken to establish the Peace Support Training Centre and Lessons Learned Centres, the Chief of the Defence Staff make provision for the co-ordination of and allocation of adequate resources to the following functions:

(a) continuing development of doctrine respecting the planning, organization, conduct and evaluation of peace support operations training;

(b) development of comprehensive and detailed training standards and standardized training packages for all components of peace support operations training;

(c) timely distribution of current doctrine and training materials to all personnel tasked with planning and implementing peace support operations training, and to all units warned for peace support operations duty;

(d) timely development and distribution of mission-specific information and materials for use in pre-deployment training;

(e) systematic compilation and analysis of lessons learned, and updating of doctrine and training materials in that light;

(f) systematic monitoring and evaluation of training to ensure that it is conducted in accordance with established doctrine and standards; and

(g) provision of specialist assistance as required by units in their pre-deployment preparations.

21.8 The Chief of the Defence Staff oversee the development of specialist expertise within the Canadian Forces in training in the Law of Armed Conflict and the Rules of Engagement, and in intercultural and intergroup relations, negotiation and conflict resolution; and ensure continuing training in these skills for all members of the Canadian Forces.

21.9 The Chief of the Defence Staff ensure that the time and resources necessary for training a unit to a state of operational readiness be assessed before committing that unit's participation in a peace support operation.

21.10 The Chief of the Defence Staff integrate a minimum standard period of time for pre-deployment training into the planning process. In exceptional cases, where it may be necessary to deploy with a training period shorter than the standard minimum, the senior officers responsible should prepare a risk analysis for approval by the Chief of the Defence Staff. In addition, a plan should be developed to compensate for the foreshortened training period, such as making provision for the enhanced supervision of pre-deployment training activities, a lengthened acclimatization period, and supplementary in-theatre training.

21.11 The Chief of the Defence Staff confirm in doctrine and policy the recognition of sufficient and appropriate training as a key aspect of operational readiness.

21.12 Contrary to experience with the Somalia deployment, where general purpose combat training was emphasized, the Chief of the Defence Staff confirm in doctrine and policy that the pre-deployment period, from warning order to deployment, should be devoted primarily to mission-specific training.

21.13 The Chief of the Defence Staff establish in doctrine and policy that to facilitate pre-deployment training focused on mission-specific requirements, units preparing for peace support operations be provided, on a timely basis, with:

(a) a clearly defined mission and statement of tasks;

(b) up-to-date and accurate intelligence as a basis for forecasting the conditions likely to be encountered in theatre;

(c) mission-specific Rules of Engagement and Standing Operating Procedures; and

(d) a sufficient quantity of vehicles and equipment, in operational condition, to meet training needs.

21.14 The Chief of the Defence Staff establish mechanisms to ensure that all members of units preparing for deployment on peace support operations receive sufficient and appropriate training on the local culture, history, and politics of the theatre of operations, together with refresher training on negotiation and conflict resolution and the Law of Armed Conflict, as well as basic language training if necessary.

21.15 The Chief of the Defence Staff establish in doctrine and policy that no unit be declared operationally ready unless all its members have received sufficient and appropriate training on mission-specific Rules of Engagement and steps have been taken to establish that the Rules of Engagement are fully understood.

21.16 The Chief of the Defence Staff ensure that training standards and programs provide that training in the Law of Armed Conflict, Rules of Engagement, cross-cultural relations, and negotiation and conflict resolution be scenario-based and integrated into training exercises, in addition to classroom instruction or briefings, to permit the practice of skills and to provide a mechanism for confirming that instructions have been fully understood.

21.17 The Chief of the Defence Staff establish in doctrine and policy that an in-theatre training plan be developed for any unit deploying on a peace support operation. The plan should provide for ongoing

refresher training and remedial training in areas where deficiencies were noted before deployment and be modified as required to meet changing or unexpected conditions in theatre.

21.18 Canadian Forces doctrine recognize the personal supervision of training by all commanders, including the most senior, as an irreducible responsibility and an essential expression of good leadership. Canadian Forces doctrine should also recognize that training provides the best opportunity, short of operations, for commanders to assess the attitude of troops and gauge the readiness of a unit and affords a unique occasion for commanders to impress upon their troops, through their presence, the standards expected of them, as well as their own commitment to the mission on which the troops are about to be sent.

Chapter 22 – Rules of Engagement

We recommend that:

22.1 The Chief of the Defence Staff create a general framework for the development of Rules of Engagement to establish the policies and protocols governing the production of such rules.

22.2 The Chief of the Defence Staff develop and promulgate generic Rules of Engagement based on international and domestic law, including the Law of Armed Conflict, domestic foreign policy, and operational considerations.

22.3 The Chief of the Defence Staff establish and implement policies for the timely development of mission-specific Rules of Engagement and ensure that a verification and testing process for the Rules of Engagement is incorporated in the process for declaring a unit operationally ready for deployment.

22.4 The Chief of the Defence Staff ensure that the Canadian Forces maintain a data bank of Rules of Engagement from other countries,

as well as Rules of Engagement and after-action reports from previous Canadian missions, as a basis for devising and evaluating future Rules of Engagement.

22.5 The Chief of the Defence Staff develop standards for scenario-based, context-informed training on Rules of Engagement, both before a mission and in theatre, with provision for additional training whenever there is confusion or misunderstanding.

22.6 The Chief of the Defence Staff develop and put in place a system for monitoring the transmission, interpretation and application of the Rules of Engagement, to ensure that all ranks understand them, and develop an adjustment mechanism to permit quick changes that are monitored to comply with the intent of the Chief of the Defence Staff.

22.7 The Chief of the Defence Staff ensure that any change in the Rules of Engagement, once disseminated, result in further training.

Chapter 23 – Operational Readiness

We recommend that:

23.1 The Chief of the Defence Staff ensure that standards for evaluating individuals, units and elements of the Canadian Forces for operational tasks call for the assessment of two necessary elements, operational effectiveness and operational preparedness, and that both criteria be satisfied before a unit is declared operationally ready for any mission.

23.2 To avoid confusion between readiness for employment and readiness for deployment on a particular mission, the Chief of the Defence Staff adopt and ensure adherence to the following definitions throughout the Canadian Forces: Operational effectiveness is a measure of the capability of a force to carry out its assigned mission. Operational preparedness is a measure of the degree to which a unit is ready to begin that mission. Operational readiness of any

unit or element, therefore, should be defined as the sum of its operational effectiveness and preparedness.

23.3 Contrary to the experience of the Somalia mission, the Chief of the Defence Staff ensure, before any Canadian Forces unit or element of any significant size is deployed on active service or international operations, that a formal declaration is made to the government regarding the readiness of that unit to undertake the mission effectively.

23.4 The Chief of the Defence Staff establish a staff, under CDS authority, to conduct no-notice tests and evaluations of the operational effectiveness and preparedness of selected commands, units and sub-units of the Canadian Forces.

23.5 The Chief of the Defence Staff order that national and command operational orders issued to Canadian Forces units tasked for active service or international operations state precisely the standards and degrees of operational effectiveness and operational preparedness demanded of individuals, sub-units, units, and commanders.

23.6 The Chief of the Defence Staff standardize format, information, and directions concerning declarations of operational readiness and require such declarations to be signed by commanders.

23.7 The Chief of the Defence Staff establish clear, workable and standard measurements of operational effectiveness and preparedness for individuals, sub-units, units, and commanders in units and formations of the Canadian Forces.

23.8 The Chief of the Defence Staff replace the Operational Readiness Evaluation System with a more reliable and efficient process aimed at collecting information about the effectiveness and preparedness of major units of the Canadian Forces for assigned operational missions.

23.9 The new readiness reporting system be capable of giving the Chief of the Defence Staff, senior commanders and staff officers a real-time picture of the effectiveness and preparedness of major operational units of the Canadian Forces for their assigned tasks.

23.10 The new operational readiness reporting system identify operational units as being in certain degrees of effectiveness and preparedness, such as high, medium and low, and in certain states of readiness, such as standby-ready and deployment-ready.

Chapter 24 – Canada's Mission in Somalia

We recommend that:

24.1 The Government of Canada issue new guidelines and compulsory criteria for decisions about whether to participate in a peace support operation.

24.2 The Government of Canada define clearly the respective roles and responsibilities of the Department of Foreign Affairs and International Trade and the Department of National Defence in the decision-making process for peace support operations.

24.3 In briefings or advice to the Government relating to participation in a peace support operation, the Government of Canada require a comprehensive statement of how the peace support operations guidelines and criteria apply to the proposed operation.

24.4 The Chief of the Defence Staff develop Canadian Forces doctrine to guide the planning, participation and conduct of peace support operations.

24.5 The Government of Canada establish a new and permanent advisory body or secretariat to co-ordinate peace support operations policy and decision making.

24.6 The Government of Canada adopt the policy that Canadian participation in United Nations peace support operations is contingent upon:
(a) completion of a detailed mission analysis by the Chief of the Defence Staff each time Canada is asked to participate in a peace support operation; and

(b) inclusion in the mission analysis of the following elements: a determination of troop strengths, unit configuration, resource requirements, and weapons and other capabilities.

24.7 The Government of Canada, as part of its foreign and defence policy, advocate reform within the United Nations, particularly in the following areas:

(a) development of a process to ensure that the mandates of United Nations operations, as adopted by the United Nations Security Council, are clear, enforceable and capable of achieving the goals of the mission; and

(b) development of a process to enhance the current planning structure at the United Nations to improve co-ordination of peace support operations through proper development of concepts of operations and strategic planning.

Chapter 25 – The Military Planning System

We recommend that:

25.1 To redress the planning problems earmarked by the Somalia mission, the Chief of the Defence Staff reinforce the importance of battle procedure (the process commanders use to select, warn, organize, and deploy troops for missions) as the proper foundation for operational planning at all levels of the Canadian Forces, and that the importance of systematic planning based on battle procedure be emphasized in staff training courses.

25.2 Contrary to recent experience, the Chief of the Defence Staff enunciate the principles that apply to planning, commanding and conducting operations by the Canadian Forces in each international operation where these differ from national principles of planning, commanding and conducting operations.

25.3 The Chief of the Defence Staff ensure that all states of command, such as national command, full command and operational command, are defined on the basis of Canadian military standards and criteria.

25.4 For each international operation, the Chief of the Defence Staff issue clear and concrete orders and terms of reference to guide commanders of Canadian Forces units and elements deployed on those operations. These should address, among other things, the mission statement, terms of employment, command relationships, and support relationships.

25.5 The Chief of the Defence Staff clarify the duties and responsibilities of the Deputy Chief of the Defence Staff and, in particular, identify precisely when the Deputy Chief of the Defence Staff is or is not in the chain of command.

25.6 In light of the Somalia experience, the Chief of the Defence Staff assert the authority of the Chief of the Defence Staff under the *National Defence Act,* to establish better "control and administration" of the Canadian Forces, taking appropriate steps to ensure that the Chief of the Defence Staff has adequate staff assistance to carry out this duty.

25.7 The Chief of the Defence Staff provide commanders deployed on operations with precise orders and unambiguous reporting requirements and lines to ensure that Canadian laws and norms are respected.

25.8 The Chief of the Defence Staff ensure that all plans for the employment of the Canadian Forces be subject to operational evaluations at all levels before operational deployment.

25.9 The Chief of the Defence Staff establish standing operating procedures for
(a) planning, testing and deploying Canadian Forces in domestic or international operations; and
(b) the conduct of operations by the Canadian Forces in domestic or international operations.

25.10 The Chief of the Defence Staff establish principles, criteria and policies governing the selection, employment and terms of reference for commanders appointed to command Canadian Forces units or elements in domestic or international operations.

25.11 The Chief of the Defence Staff conduct training and evaluation exercises to prepare and test staff procedures, doctrine, planning and staff officers in National Defence Headquarters and in the chain of command.

25.12 The Chief of the Defence Staff establish a uniform system for recording decisions taken by senior officers during all stages of planning for operations. The records maintained under this system should include a summary of the actions and decisions of officers and identify them by rank and position. The records should include important documents related to the history of the operation, including such things as estimates, reconnaissance reports, central discussions, orders, and casualty and incident reports.

25.13 The Chief of the Defence Staff or the Chief of the Defence Staff's designated commander identify and clarify the mission goals and objectives before commencing calculation of the force estimate.

25.14 The Chief of the Defence Staff base the force estimate for a given mission on the capacity of the Canadian Forces to fulfil the demands of the operation, as determined after a mission analysis has been completed and before recommending that Canadian Forces be committed for deployment.

25.15 The Chief of the Defence Staff develop a formal process to review force requirements once any Canadian Forces unit or element arrives in an operational theatre.

25.16 To remedy deficiencies in existing practices, before committing forces to an international operation, commanders should:
   (a) clearly establish the military mission as well as the tasks necessary to achieve the mission;
   (b) return to the practice of preparing military estimates before developing the organization and composition of forces to be employed in operational theatres;

(c) be required to undertake a thorough reconnaissance of the specific area where the forces are to deploy; and

(d) accept that in the interests of deploying a force that is appropriate, well balanced and durable, proper estimates of the requirements be completed before forces are committed and personnel ceilings are imposed.

25.17 The Chief of the Defence Staff develop specific doctrine outlining the intelligence-gathering process for all peace support operations, to be separate and distinct from the doctrine covering intelligence gathering for combat. This doctrine should include:

(a) a statement confirming the purpose and principles of intelligence gathering for all peace support operations, from traditional peacekeeping to peace enforcement. Where required, a differentiation would be made between the strategic stage, the decision-making stage, and the operational planning stage of the operation;

(b) a statement confirming the sources of information appropriate for use in the intelligence-gathering process;

(c) a section outlining anticipated use of intelligence in peace support operations, during both the decision-making stage and the operational planning stage;

(d) a section outlining the intelligence planning process during the various stages of planning, establishing what needs to be done and by whom, including any procedures required to develop an intelligence plan for the mission or intelligence support for the training of troops; and

(e) a section describing the dissemination process for all stages, including the manner of dissemination and the personnel involved.

25.18 The Government of Canada urge the United Nations to expand its peacekeeping planning division to include an intelligence organization within the secretariat that would serve to co-ordinate the intelligence required for peace support operations, including maintenance of an information base on unstable regions available for use by troop-contributing countries.

25.19 The Chief of the Defence Staff ensure that planning doctrine includes appropriate assessment methodology to determine sufficient numbers of intelligence personnel and intelligence support personnel (interpreters) for the operation. In accordance with existing doctrine, the presence of intelligence personnel in the advance party should be ensured.

25.20 The Chief of the Defence Staff develop guidelines and procedures for ensuring that cultural training programs are appropriately supported by the intelligence staff by providing adequate and appropriate resources for the intelligence staff well in advance of the operation.

25.21 The Chief of the Defence Staff ensure that sufficient resources are available and adequate guidelines are in place for intelligence staff to foster self-sufficiency in the area of intelligence planning and to discourage over-reliance on other intelligence sources.

25.22 The Chief of the Defence Staff review the organization and process for intelligence planning to ensure maximum communication and efficiency in the intelligence-gathering and dissemination processes.

25.23 To remedy deficiencies in existing practices, the Chief of the Defence Staff ensure that logistical planning is finalized only after the mission concept is developed, the size and composition of the Canadian contingent is estimated, and a full reconnaissance of the area of operations has been undertaken.

25.24 The Chief of the Defence Staff provide guidelines stipulating that sufficient time be taken to assess any changes in areas of operation. Such guidelines should include the stipulation that military considerations are paramount in decisions to change the proposed mission site after materiel has been packed and logistics planning completed for the original site.

25.25 When a change in mission is contemplated, the Chief of the Defence Staff ensure that new logistical contingency plans are completed before the new mission is undertaken.

25.26 The Chief of the Defence Staff ensure that a National Support Element (that is, an integrated logistics support unit) is included as a separate unit at the commencement of every mission undertaken by the Canadian Forces.

Chapter 39 – Openness and Disclosure

We recommend that:

39.1 The Department of National Defence ensure that the National Defence Operations Centre logs are properly maintained, by implementing the following:

(a) an audit procedure to ensure that standing operating procedures provide clear and sufficient guidelines on the type of information to be entered and how the information is to be entered;

(b) an adequate data base system, which includes software controls to ensure accurate data entry in each field and appropriate training for operators and users of this system; and

(c) increased system security to an acceptable standard compatible with the objective of national security, including restricting access to authorized persons using only their own accounts and passwords and extending the use of secure (hidden) fields to identify persons entering or deleting data.

39.2 The Department of National Defence and the Canadian Forces take steps to ensure that an adequate record of in-theatre operations is created and preserved thereafter by:

(a) establishing better systems and procedures to ensure a more complete and permanent record of events, including the recording of each day's activity or inactivity, so that every date is accounted for, to avoid the appearance of non-reporting or deleted records;

(b) training soldiers to appreciate the importance of the log and diary and their responsibility to follow proper procedures in creating, maintaining, and protecting the record;

(c) providing better procedures for supervising the maintenance of records in theatre to ensure adherence to established procedures;

    (d) improving the integration of secure data collection and storage systems to ensure the integrity of records created; and

    (e) ensuring that data banks are sufficient and include accurate information concerning individual taskings; the start and finish dates of each log and diary; and the location of records.

39.3 The Department of National Defence take the following steps to promote openness and transparency:

    (a) require the Deputy Minister of National Defence and the Chief of the Defence Staff to

        (i) instil by example and through directives the importance of openness in responding to requests made under the *Access to Information Act;*

        (ii) ensure that military and civilian personnel in the Department of National Defence are better trained to respond to *Access to Information Act* requests, particularly with regard to legal obligations and procedures; and

        (iii) ensure that staff fully understand the requirement to report, as a significant incident under existing regulations, any suspected document alteration or improper response to *Access to Information Act* requests;

    (b) begin consultations with the Information Commissioner, within three months of the submission of this report to the Governor in Council, to determine the most effective way of improving departmental responses to *Access to Information Act* requests; and

    (c) ensure that public affairs policy and practices reflect the principles of openness, responsiveness, transparency and accountability expressed throughout this report.

Chapter 40 – Military Justice

We recommend that:

40.1 The *National Defence Act* be amended to provide for a restructured military justice system, establishing three classes of misconduct:

    (a) Minor disciplinary: Any misconduct considered minor enough not to warrant detention, dismissal or imprisonment should

be considered minor disciplinary misconduct. Examples might include a failure to salute and quarrelling with another Canadian Forces member. Minor disciplinary misconduct would not include service offences now listed in the *Queen's Regulations and Orders* (QR&O) 108.31(2);

(b) Major disciplinary: Any misconduct considered serious enough to warrant detention, dismissal or imprisonment should be considered major disciplinary misconduct triable only by a court martial. This would include infractions such as some of those listed in QR&O 108.31(2). Examples might include being drunk while on sentry duty during a time of war, insubordination and showing cowardice before the enemy. Major disciplinary misconduct would not include crimes under the *Criminal Code* or other federal statutes; and

(c) Criminal misconduct: Any misconduct that would constitute a crime and is to be the subject of a charge under the *Criminal Code* or other federal statute or foreign law, and triable only by court martial or a civil court.

40.2 To prevent abuse of the commanding officer's discretion to determine into which class the misconduct falls, there be formalized safeguards provided for in the *National Defence Act* and regulations, including the possibility of independent military investigations into the misconduct, the authority of an independent military prosecutor to lay a charge for criminal misconduct arising out of the same incident, and the oversight performed by an independent Inspector General.

40.3 The *National Defence Act* be amended to provide clearly that any individual in the Canadian Forces or any civilian can lay a complaint with Military Police without fear of reprisal and without having first to raise the complaint with the chain of command.

40.4 The *Queen's Regulations and Orders* be amended to circumscribe the discretion of a commanding officer with respect to the manner of conducting summary investigations to ensure that these investigations are conducted according to the guidelines in Canadian Forces Administrative Order 21-9, dealing with general instructions for boards of inquiry and summary investigations.

40.5 The guidelines in Canadian Forces Administrative Order 21-9 be amended to provide that

(a) summary investigations be restricted to investigation of minor disciplinary misconduct or administrative matters;

(b) those conducting summary investigations have some minimum training standard in investigations, rules of evidence, and the recognition of potential criminality;

(c) those conducting summary investigations have a specific duty to report matters of potential criminality directly to Military Police; and

(d) those conducting summary investigations be free from any conflict of interest.

40.6 Military Police be independent of the chain of command when investigating major disciplinary and criminal misconduct.

40.7 Military Police be trained more thoroughly in police investigative techniques.

40.8 All Military Police, regardless of their specific assignment, be authorized to investigate suspected misconduct of their own accord unless another Military Police investigation is under way.

40.9 Control of the conduct of Military Police investigations of major disciplinary and criminal misconduct be removed from the possible influence of the commanding officer or the commanding officer's superiors. Military Police attached to units or elements of the Canadian Forces should refer major disciplinary and criminal misconduct to the Director of Military Police through dedicated Military Police channels.

40.10 The Director of Military Police oversee all Military Police investigations of major disciplinary and criminal misconduct and report on these matters to the Solicitor General of Canada.

40.11 The Director of Military Police be responsible and accountable to the Chief of the Defence Staff for all Military Police purposes, except for the investigation of major disciplinary or criminal misconduct.

40.12 Commanding officers have the power to request Military Police to investigate any misconduct, but commanding officers have no power to control the method of the investigation or limit the resources available to Military Police conducting investigations.

40.13 The Director of Military Police and all Military Police under the command of the Director have a system of ranking different from the general Canadian Forces system, so that Military Police are not seen or treated as subordinate to those they are investigating.

40.14 Professional police standards and codes of conduct be developed for Military Police.

40.15 To give effect to these new policing arrangements, Military Police be given adequate resources and training to allow them to perform their tasks.

40.16 Adequate numbers of appropriately trained Military Police accompany Canadian Forces deployments.

40.17 In general, the results of investigations into all types of misconduct — minor disciplinary, major disciplinary or criminal — be reported to the commanding officer of the unit or element to which the Canadian Forces member concerned belongs.

40.18 Results of investigations of major disciplinary and criminal misconduct be reported to an independent prosecuting authority under the direction of the Director General of Military Legal Services.

40.19 Control of the decision to charge for major disciplinary or criminal misconduct be removed from the commanding officer and vested in an independent prosecuting authority.

40.20 The commanding officer have the right to lay charges for minor disciplinary misconduct.

40.21 An independent prosecuting authority decide whether to lay charges for major disciplinary and criminal misconduct and have the responsibility for laying charges.

40.22 The prosecuting authority be independent in determining whether to charge and prosecute. However, guidelines should be developed to assist in the exercise of prosecutorial discretion.

40.23 Military Police serve as advisers to the independent prosecuting authority, but have no authority themselves to lay charges.

40.24 Commanding officers have no authority to dismiss charges laid by the independent military prosecutor.

40.25 The independent military prosecutor have authority to lay charges for minor disciplinary offences when the prosecutor deems it useful to prosecute multiple acts of misconduct, including minor disciplinary misconduct, at the same trial.

40.26 An accused person have a right to counsel when prosecuted for major disciplinary or criminal misconduct.

40.27 The standard of proof at a trial for major disciplinary or criminal misconduct be proof beyond a reasonable doubt.

40.28 There be no right to counsel in respect of minor disciplinary misconduct, since detention, dismissal or imprisonment would not be a possibility, but the right to counsel may be permitted at the discretion of the commanding officer.

40.29 The standard of proof at a trial of minor disciplinary misconduct be proof on a balance of probabilities. An accused person may be compelled to testify at a trial of minor disciplinary misconduct.

40.30 Accused persons charged with misconduct carrying a possible penalty of five years' imprisonment or more should have the right to elect trial by jury before a civilian court.

40.31 Punishments such as fine options, community service and conditional sentences, which have been made available in the civilian criminal process, be available within the military for minor and major disciplinary and criminal misconduct.

40.32 Formal rules be established to permit appeals of summary trials of minor disciplinary misconduct by way of redress of grievance.

40.33 All Canadian Forces members convicted at summary trials be served with a notice stating that an application for redress of grievance is available to appeal their conviction.

40.34 The *Queen's Regulations and Orders* be amended so that the Minister of National Defence has no adjudicative role in redress of grievance matters.

40.35 The *National Defence Act* be amended to
(a) replace the office of the Judge Advocate General with two independent institutions:
  (i) the office of the Chief Military Judge, to assume the judicial functions now performed by the office of the Judge Advocate General; and
  (ii) the office of the Director General of Military Legal Services, to assume the prosecution, defence and legal advisory roles now performed by the office of the Judge Advocate General;
(b) specify that the office of the Director General of Military Legal Services consists of three branches: a Directorate of Prosecutions, a Directorate of Advisory Services, and a Directorate of Legal Defence;
(c) provide that the Director General of Military Legal Services report to the Minister of National Defence;
(d) provide that the Chief Military Judge and all other judges be civilians appointed under the federal *Judges Act;* and
(e) state that judges trying serious disciplinary and criminal misconduct are totally independent of the military chain of command.

40.36 The *National Defence Act* be amended to establish an Office of the Inspector General, headed by an Inspector General with the following functions relating to military justice:
(a) Inspection: Inspections would focus on systemic problems within the military justice system.

(b) Investigations: The Inspector General would receive and investigate complaints about officer misconduct and about possible injustices to individuals within the Canadian Forces. Among the types of officer misconduct the Inspector General could investigate are the following:

    (i) abuse of authority or position (for example, failure to investigate, failure to take corrective actions, or unlawful command influence); and

    (ii) improper personnel actions (for example, unequal treatment of Canadian Forces members, harassment including racial harassment, failure to provide due process, reprisals).

(c) Assistance: Among the Inspector General's functions would be to correct or assist in correcting injustices to individuals.

40.37 The Inspector General have the power to inspect all relevant documents, conduct such interviews as may be necessary, review minor disciplinary proceedings and administrative processes, and make recommendations flowing from investigations.

40.38 Any person, Canadian Forces member or civilian, be permitted to complain to the Inspector General directly.

40.39 To the extent that the regulations and orders contained in the *Queen's Regulations and Orders* and Canadian Forces Administrative Orders can be made public without compromising overriding interests such as national security, the QR&O and CFAO be published in the *Canada Gazette*.

40.40 Adequate numbers of legal officers be deployed with units to allow them to perform their respective functions — prosecution, defence, advisory — without putting them in situations of conflict of interest.

40.41 Legal officers receive increased training in matters of international law, including the Law of Armed Conflict.

40.42 Legal officers providing advisory services be deployed on training missions as well as actual operations.

40.43 Legal officers providing advisory services guide commanding officers and troops on legal issues arising from all aspects of operations, including Rules of Engagement, the Law of Armed Conflict, Canadian Forces Organization Orders and Ministerial Organization Orders.

40.44 Legal officers providing advisory services educate Canadian Forces members before and during deployment on local law, the Law of Armed Conflict, and Rules of Engagement.

40.45 A Law of Armed Conflict section of legal officers be established and staffed as soon as possible within the office of the Judge Advocate General and moved to the office of the Director General of Military Legal Services once that office is established.

Conclusion

We recommend that:

1. The Minister of National Defence report to Parliament by June 30, 1998 on all actions taken in response to the recommendations of this Commission of Inquiry.

2. The transcripts of our proceedings, as amplified and illuminated by the credibility findings in this report, be examined comprehensively by appropriate authorities in the Department of National Defence and the Canadian Forces, with a view to taking appropriate and necessary action with regard to witnesses who by their actions and attitude flouted or demeaned:
   (a) their oath or solemn affirmation;
   (b) their military duty to assist the Inquiry in its search for the truth in the public interest;

(c) the trust and confidence of Canadians in them; or

(d) the officer's commission scroll, which expresses Her Majesty's special trust and confidence in a Canadian officer's loyalty, courage and integrity.

3. Save for those individuals who have been disciplined for actions in relation to the deployment, all members of the Canadian Forces who served in Somalia receive a special medal designed and designated for that purpose.